Ἰησοῦς Χριστός

«NON HABERES POTESTATEM SUPER ME, NISI DATUM ESSET TIBI DESUPER»
(JO 19:11)

# GERMANIA

## Geohistória da Europa Central

*Diplomacia entre guerras:*
*da Batalha de* Teutoburg *ao rescaldo da I Guerra Mundial*

por

I0165351

## Nuno Morgado

Prefácio de António Marques Bessa

**IAEGCA**
Instituto de Altos Estudos em Geopolítica
& Ciências Auxiliares

Título:
*GERMANIA, Geohistória da Europa Central. Diplomacia entre guerras:
da Batalha de* Teutoburg *ao rescaldo da I Guerra Mundial*

Autor:
Nuno Morgado

Prefácio:
António Marques Bessa

Capa:
Nuno Morgado e Vladimir Nikishn, 2013

Maquetagem:
Flávio Gonçalves e Álvaro Fernandes

Impressão:
CreateSpace e DPS – Digital Printing Solutions

Depósito Legal: 368089/13
ISBN: 978-989-97773-9-2

Impresso na União Europeia
Impresso, simultaneamente, nos Estados Unidos da América

Revisão e Distribuição:
IAEGCA

Para obter informação acerca dos preços de compra
por atacado e consignações, é favor contactar:
iaegca@gmail.com

IAEGCA
**Instituto de Altos Estudos em Geopolítica & Ciências Auxiliares**
http://www.geopol.com.pt

**A.M.D.G.**

Para os todos os meus alunos do curso *História da Alemanha*
leccionado em 2010, na Sociedade Histórica
da Independência de Portugal

E para todos aqueles que, de uma forma ou de outra,
no passado e hoje, entregaram e entregam
as suas vidas à causa da
*Germânia* e, subsequentemente, à causa da *Cristandade*

"É um erro considerarmos a História
como um passado que morreu,
que já não interessa
e que deve ser arquivado"

Rainer Daehnhardt *

# ÍNDICE

# PREFÁCIO

*Da Germânia e da Sua Função*

Não é por acaso que nos devemos afastar das ideias feitas pelos inimigos dos povos germânicos, que pertencem a várias seitas e a várias ordens de pensamento. O ódio à Alemanha é velho, variegado, parecendo que com a marcha para a história foi colecionando lendas negras e inimigos novos. O processo tem raízes, eventualmente, em Júlio César e em alguns parágrafos do *Bellum Gallicum* que apresentam os germanos como aqueles que iriam derrubar o Império orgulhoso da Águia. Tem ainda origem no Sacro Império Romano-Germânico e prossegue muito depois com as mesquinhas invejas dos seus vizinhos, nomeadamente da França, que nunca gostou de estar à sombra da Floresta Negra, tão cara a Jünger.

A sua expansão natural para Leste, nomeadamente com a Ordem Teutónica, a sua reafirmação no Centro europeu, a sua larga produção de génios da música, da literatura, da arte, da invenção, começaram a fartar os britânicos que queriam uma mescla de trezentos e muitos Estados apenas como um aglomerado inactivo de cidades, bispados, hansas, principados e ducados rivais, para os tratarem a cada um isoladamente como colónia e mercado para os seus produtos.

De Teutoburg a Napoleão vão séculos em que se desfaz um mundo e nasce outro: primeiro um mundo que saúda, com Beethoven, a chegada de Napoleão como uma grande esperança libertária; segundo, apesar das esperanças de Beethoven, a Confederação do Reno, criada pelo Imperador Corso, é agrícola e pouco deve ao engenho dos naturais, porque é ainda uma boa base para a colocação de produtos manufacturados provenientes da Inglaterra.

Toda a nação necessita de um choque para acordar. O choque não é proporcionado pelos franceses, e muito menos pelos ingleses exportadores, mas sim por um Estado germânico que tinha andado ocupado com a sua história e a sua fronteira de Leste. É a Prússia que empurra os Estados germânicos para o mercado comum e depois para a Federação, tal como mais a sul é o Estado Piemonte que empurrará os Estados da península itálica para a unidade política italiana. Ambos processos decorrem com a anuência de Napoleão III, Imperador de França, que não crê estar a fazer nada de mal para o seu país.

É claro que a Alemanha, sob a batuta da Prússia industrializada, com um exército disciplinado, com teoria da guerra como se verifica em Clausewitz, descobre rapidamente a sua vocação inovadora, o experimentalismo, o poder do Exército, as viabilidades de uma diplomacia tão bem conduzida, como sucedeu com o Chanceler von Bismarck.

Sédan, em 1870, que é uma derrota de um apressado tolo francês, marcará o erro da França em deixar pacificamente os prussianos criarem a Alemanha. Mas aí já nada se podia fazer. Os franceses ficaram com o espinho no sapato, os austríacos derrotados também, e os dinamarqueses de igual modo. Mas a Alemanha fez coincidir 'uma cultura' com um Estado e preparou-se para disputar o grande jogo da política externa.

A diplomacia alemã soube  jogar em todos os tabuleiros, reivindicar para Berlim a partilha de África, intervir em disputas coloniais, mantendo sempre serenamente uma distância  dos países derrotados, nomeadamente pelo isolamento da França, conduzido habilmente pelo chanceler Bismarck que dispensava outra guerra.

Wilhelm II, com a sua Weltpolitik e com um chanceler excepcionalmente obtuso para as realidades, acabaria por provocar o desastre. O erro consistiu na disputa pelo poder naval com a Inglaterra, o que colocou aquela velha Britânia do Império Marítimo num aviso vermelho e a Alemanha sob os holofotes do Grande Almirantado. Se os alemães andavam a ler o manual do Almirante Thayer  Mahan, era porque tinham planos para aumentarem a tonelagem da frota e os britânicos, como donos do mar, não tinham nenhuma vontade de ver isso realizado. O caso da tonelagem deu a guerra pavorosa que os ingleses queriam. E a Alemanha ficou sem muito  do  seu  território,  submetida  a  pesados  pagamentos compensatórios, sem aristocracia dominante, entregue a um sistema que a mataria seguramente, porque era deletério e concebido pelos seus inimigos para a sua lenta agonia.

Mas a Alemanha não morreu e ela aí está hoje considerada como o Estado hegemónico da Europa, pelo estrategista americano Ray S. Cline, actualmente membro associado do United States Global Strategy Council. O que quer dizer que de pouco valeram as inimizades prolongadas aos povos germânicos.

O Mestre Nuno Morgado narra na sua Geohistória da Germânia os grandes passos da consolidação de um Estado, com líderes fortes e esclarecidos que ao longo do tempo conduziram os povos germânicos e germanizados na saga em que se tornou a plataforma histórica da Europa Central e de Leste, colocando-se numa charneira importante com os russos e os eslavos. Ou seja, num papel que toda a Europa deveria agradecer, uma vez que antes disso representou o papel de uma marca militar contra os invasores de Leste que soube travar mais do que uma vez, na sua longa história feita de Estados.

O autor do livro tem razão em reafirmar a importância desta história total para todos os europeus, para que não reduzam os germânicos a palavras estafadas. Tal como não se aplica ao povo português uma Lenda Negra, não queiramos participar na difusão de outra, sobre povos nobres e valentes, que mesmo na adversidade não deixaram de dar provas disso: obtiveram prémios nobel das Ciências Básicas e Fundamentais para o progresso tecnológico, que tiveram escritores, artistas, economistas, académicos de raro mérito, Universidades de grande categoria, Instituições fortes, chefes militares e políticos de grande gabarito. De Dürer à Catedral de Köln, de Wagner a Mozart, de Heidegger a Konrad Lorenz estende-se a mesma criatividade que se encontra na filosofia de Hegel, de Kant nascido em Königsberg, que foi um centro notável de matemática, como destacam Igor e Grichka Bogdanov num livro erudito sobre a saga de muitos matemáticos alemães que procuraram afincadamente o pensamento de Deus.

Os povos devem aprender uns com os outros, e antes de dizer mal dos costumes, instituições e maneiras dos vizinhos, deveriam atentar nas suas próprias características e extirpar aquele mal enraizado que só lhes provoca inveja, maledicência, preguiça e outros vícios capitais. Isso é o que significa aprender. Mas também se pode copiar o melhor dos outros, como fizeram os japoneses. Não fica mal. O que fica mal é nomear comissões regiamente pagas para estudar o que já estudado e posto em prática, como sucede por Portugal.

Este livro de Nuno Morgado, sobre os tão estimáveis povos germânicos e germanizados, ajuda todos os que gostam da verdade para lá das mentiras comuns.

Creio que o autor fez um bom trabalho de fundo, indo às fontes e reunindo dados importantes para o conhecimento dos factos, deformados pelo repetir de mentiras históricas que acumularam poeira sobre uma autêntica saga notável que desabrocha, outra vez, nos nossos dias. O livro que agora têm na mão deve ajudar os que têm boa vontade a olhar para a árvore singular no meio da floresta nebulosa de mentiras.

**António Marques Bessa**
Professor Catedrático Efectivo com o grau de Agregado
do Instituto Superior de Ciências Sociais e Políticas da Universidade de Lisboa

# INTRODUÇÃO

Ao contrário do que o subtítulo possa levar a crer, este não é um livro de História, ou melhor, sendo-o, não o é apenas. Trata-se, no campo das ciências sociais, de uma obra multidisciplinar, cujo arco se desenha da Ciência Política em geral e do seu já referido laboratório – a História – até aos meandros da própria Geohistória (1) em particular. Por outro lado, este pretende ser, também, um livro sobre *cultura germânica*: a sua música, pintura, arquitectura, e demais artes que enobrecem o ser humano.

Poderíamos classificar as páginas que se seguem, de algum modo, como *história política* que Duroselle (1992) inicialmente nega existir, mas acaba por condescender exactamente essa "história política" (1992: 246) como procedimento explicativo de muitos problemas nas Relações Internacionais.

Com efeito, o método desta obra fundeia-se numa base essencialmente descritiva e reflexiva, no domínio do real e do observável, portanto não se tratará de uma mera exposição de uma "história morta". Pelo contrário, a História está *bem viva* e, embora não sendo determinante, habilita a *élite* inteligente e conhecedora com um conjunto de elementos e uma certa carga cultural a que aquela não pode ser indiferente no acto da tomada de decisão. Por seu lado, a perspectiva do livro é essencialmente estratégica, na qual a existência da dialéctica de vontades opostas é a realidade base para se começar a pensar.

O problema fundamental do qual este livro se ocupará prende-se com a famosa *Deutsche Frage* tão recorrentemente referida, mas tão pouco compreendida (ou ainda menos verdadeiramente *estudada*). Embora nos tenhamos ocupado em tratar de parte da questão num outro trabalho (Morgado, 2011b) este livro fornece a base *a priori*. Daí a sua importância. Numa frase: *como se desenvolveu a história da* Germânia, *no espaço da Europa Central, em termos diplomáticos e militares, desde os tempos do Império Romano ao final da I Guerra Mundial*?

Uma das referências metodológicas a ter em conta será o austríaco Popper (2002). Tendo sido um dos críticos das profecias históricas – matéria fundamental do "socialismo científico" de que era radical opositor, sendo antes amante da verificação científica e da experimentação – Popper desmentiu o marxismo como *ciência*, como *progresso* e como metodologia de previsão (Gardiner, 2008: 336) e estabeleceu uma divisão absolutamente fulcral entre: "«previsão científica»" e "«profecias históricas incondicionais»" (Gardiner, 2008: 338), sendo que a própria previsão científica é matéria passível de extenso cuidado, para que não se caia no dogma de uma *lei da evolução* que, segundo Popper, não existe.

Outro pilar deste livro será certamente Vives, que ajudará a manter a distância de qualquer determinismo, ensinando como traçar algumas "*deducciones geohistoricas*" (Vives, 1961: 13) para a compreensão de ciclos históricos que podem e devem ser identificados. Deste modo, entende-se a Geohistória enquanto método que – mais uma vez livre de qualquer determinismo – considerando as relações do homem com o solo como uma experiência empírica dentro do conceito de *Lebensraum*, identifica o sujeito de *sociedades culturais*. (Vives, 1961). Em suma, é um exercício livre.

Não se nutre a presunção de ditar uma obra do género "tudo o que precisa saber" ou uma "suma história" – até porque se podem encontrar algumas falhas. Antes, é um modesto contributo que visa fornecer ao leitor algumas das linhas *transhistóricas* tecidas pela *Germânia* no contexto europeu (embora não exclusivamente). No mais, assume-se que existe uma finalidade didáctica.

Por outro lado, não se espere deste livro uma certa óptica comummente aceite. Preconiza-se directamente um combate ao que Stark (1995: 105) designou de "*germanophobie*".

Na medida descrita por Bessa, este livro entrosa nessa construção magna do Conhecimento: "o saber científico é uma construção permanente para onde todos os estudiosos carreiam a sua pedra aparada e cuja tarefa parece nunca ter fim à vista" (Bessa, 1997: 137).

Nos dias de hoje, torna-se muito difícil gerir o incrível fluxo de informação que nos atinge impiedosamente – e muita dela hedionda, porque intelectualmente desonesta. Mais, o entulho intelectual cai-nos de muitos lados, publicam-se enormidades, abunda o lixo televisivo com alguns comentadores medíocres (mas que recolhem o aplauso e a estima das massas ignorantes).

Tenta apresentar-se uma alternativa a isso, com a humildade essencial de reconhecer possíveis lacunas e muitas limitações, mas com a certeza de um trabalho sério inspirado na busca da Verdade. Toma-se uma flexibilidade straussiana de pensamento, em que as mesmas ideias (ou uma ideia-chave) circulam pela História não-ditada: o propósito essencial é identificá-la(s).

Nestas circunstâncias, aqui está o nosso contributo – livre, distinto da maioria, sem dúvida, por isso mesmo, com um odor bem diferente daqueloutro bafiento do *politicamente correcto*, uma autêntica bandeira que hasteamos, à vista de todos, no alto da colina e debaixo do Sol.

*Königgrätz*, 5 de Julho de 2013

# PARTE I

# ANTECÂMARA: A CULTURA GERMÂNICA

# Título I.

# LACÓNICO COMENTÁRIO ÀS BASES CULTURAIS GERMÂNICAS

Abra-se o pano. O que aqui se *desvela*, no termo heideggeriano, é *o que se entende* pela cultura germânica. Um panorama, tendo em conta, como ensinou Herder (1744-1803), que "a cultura de um povo é a flor da sua existência. . ." (Gardiner, 2008: 49) e tal como avisou Popper ". . .destruída a tradição, a civilização desaparece com ela" (Gardiner, 2008: 344).

Principiando esta *Geohistória da Germânia*, buscando um fio condutor *ab initio* na lógica da delimitação do objecto de estudo, o que se propõe, enquanto base cultural, à área geográfica alvo de exame?

*Primo*, crê-se necessário precisar que o nível da análise que se propõe é de que não existirá uma *Alemanha*, mas diversas *"alemanhas"*: da Baviera à Pomerânia, da Saxónia à Áustria, da Alsácia-Lorena à Turíngia, da Boémia à Transilvânia, do Tirol à Ístria, dos Sudetas à Frísia, da Silésia à Dalmácia, etc. Posto isto, a conclusão lógica será que a *cultura alemã* não existirá, pelo que não haverá, de igual modo, uma *Nação Alemã* enquanto identidade una geográfico-cultural. Aliás o nome *Deutschland* [Alemanha] resulta da contracção de *deutschen Landen* [«países alemães» – note-se o plural] (Opitz, 1998: 119).

Assim – *secundo* – alvitra-se que a palavra *Germânia,* tida etimologicamente como designação geográfica, explica e justifica o argumento anterior. O termo, inicialmente atribuído pelos Romanos ao espaço estendido entre as margens ocidentais do Rio Reno e as margens do Danúbio aos Montes Urais inclui, dessa forma e originalmente, uma vasta área. A isto, o termo *Gehrmann* que significa exactamente o "homem da lança" (a que, outrossim, o termo *Wehrmann* (2), materialmente semelhante, se encontra cingido) fez nascer o derivado *«germânico»* na Língua Portuguesa.

A Lombardia, Austrásia, Borgonha, Frísia, Francónia, Flandres, Franco Condado, Renânia, Suábia, Palatinado, etc. todas estas *nações germânicas* encontraram espaço numa construção política em comum. No próprio *Lied der Deutschen* [Canção dos Germânicos, ou seja, o Hino Nacional da Alemanha] constata-se que a letra foi escrita por um "querusco" e a música composta por um "suábio", e para mais nota-se que essa própria formulação musical foi pensada para uma *Kleindeutschland* e não para uma *Großdeutschland*.

Frisados tais pressupostos, será agora possível afirmar que a Germânia se apresenta numa superior união cultural e linguística, caracterizada por uma dispersão geográfica num território relativamente vasto [*Mitteleurope*, segundo Naumann (1916)], que justificou a forma de estado federalista e descentralizada, não obstante o esforço de tantos Imperadores na concentração do poder. Aflorando levemente a geopolítica, para ilustrar a extensão do espaço, nos termos de Correia (2004: 131), o projecto político da

". . .Mitteleuropa consiste na liderança alemã da Europa do Meio, ou seja, do Mar do Norte e Mar Báltico até ao Mar Adriático e ao Mar Negro, dispondo da linha que vai da foz do Reno à foz do Danúbio como diagonal."

Efectivamente, é sobre esta concepção da Germânia que se formularão os raciocínios, sendo um dos principais pilares em que assenta a análise, o seguinte: "a identidade alemã [germânica, *lato sensu*] é linguística e cultural" (Daehnhardt, 2002: 111), portanto, não se trata aqui de forma alguma quaisquer questões raciais.

Deste modo, e se a Nação será, repita-se, uma entidade geográfico-cultural (povo, língua, uso e costumes, passado e território comuns (Opitz, 1998: 113)), enquanto a raça corresponde a uma realidade antropológica, ou seja, supranacional, daqui se entende, desde já, que o Nacional-Socialismo alemão que brotou do século XX, não poderá ser considerado como um fenómeno *nacionalista*, porque, entre outras razões, desclassificava os germânicos alpinos e mediterrâneos, em detrimento de outros homens que considerasse arianos e vivessem bem longe do espaço natural germânico. De facto, a concepção racista supranacional colocava a nacionalidade e língua à parte desta convicção.

Para além disto, o Nacional-Socialismo – e o próprio Hitler – apropriaram-se indevida e erroneamente da esmagadora maioria dos conceitos da Escola Alemã de Geopolítica e mormente do conceito ratzeliano de *Lebensraum* (Vives, 1961: 69-72) (Morgado, 2011b).

Com efeito, restringe-se o texto ao que se consideram ser os sustentáculos da cultura germânica, pensada a cultura no sentido da cultura popular e da própria identidade cultural.

A cultura germânica poderá ser tida como uma *cultura-viveiro,* aplicando o conceito de Talcott Parsons (1902 – 1979), ou seja, uma cultura que se tem perpetuado no tempo, por meio de uma modalidade de acção muito típica e transposta da cultura romana: a *germanização* (Morgado, 2011b) (Morgado, 2014).

Como se deixa claro, os povos germânicos são povos dos quais brotam inúmeros ideólogos e pensadores. Verdadeiramente, de acordo com a fórmula mais badalada, a Germânia é *Land der Dichter und Denker* [a terra dos poetas e dos pensadores].

No entanto, não subsiste apenas esse lado brilhante. A expressão de Kraus (1874-1936): *Land der Richter und Henker* [terra dos juízes e carrascos] corresponde, entre outras facetas, a um receio e a um êxtase pela morte – na Arte, na Filosofia, até na Política – mas também à paixão pela guerra, irmã da morte. Assim, a cultura germânica tem sido uma realidade político-cultural virada também para a Guerra – já acusava Tácito às tribos germânicas (2007: 27) ". . . *ojos crueles y azules, cuerpos enormes y solos aptos para la violência*". Porém, virada de igual modo para a Literatura, a Metafísica, a Filosofia, o Pensamento (essencialmente romântico anti-racionalista, a seu tempo) e para a Música.

Um preconceito secular marcou, igualmente, o seu cunho na cultura germânica – a hostilidade contra os Judeus que, inicialmente, terá sido de inspiração cristã tradicional – esta sem a qual o próprio Sacro Império Romano-Germânico jamais poderia ter existido. De facto, frisa-se que essa é a sua fonte – cristã. Schwanitz (2009: 74-75), na sua habitual tonalidade jocosa, explica que ao conjurarem e exigirem publicamente a morte de Jesus Cristo, os Judeus condicionaram directamente o Sacrifício derradeiro. O Corpo de Cristo ("*O Ungido*" – o Filho de Deus) foi, efectivamente, torturado e morto por incitação dos Judeus [leia-se *elites Judaicas*], estando estabelecido o mote para o ressentimento (Mt 27:25). Num nível muito inferior – popular, dir-se-ia – o nome Judas (Iscariotes) permaneceu, no ouvido dos cristãos, indelevelmente ligado à palavra «Judeu», associando-se a ideia de "Judeu-traidor" (Schwanitz, 2009: 74). Com isto, estariam lançadas as bases para os terríveis *pogrom* que foram levados a cabo século atrás de século.

Outra característica dos povos germânicos será uma enorme aspiração comunitária e de mobilização por uma causa comum – e que mais outro país se reconstruiria totalmente e com tanta rapidez após dois conflitos com as dimensões da I e II Guerras Mundiais? De facto, um gigantesco ardor ao trabalho ("o trabalho tem uma raiz muito amarga, mas um fruto muito doce" – ensina um provérbio alemão) e uma imensa capacidade tornaram a *Kleindeutschland* de hoje numa potência industrial de nível mundial. Assim, se esse sentimento de união começou pela guerra: ". . .*los caudillos combaten por la victoria, los compañeros por el caudillo*" (Tácito, 2007: 47) agora as linhas serão outras. Sem embargo, continuará a existir.

Traçando as linhas da cultura política – a das que mais nos importa – o contexto histórico-cultural que acompanhará o texto ao longo dos séculos constitui-se fortemente autocrático, conservador, antidemocrático e contra-revolucionário e assim permanecerá, com o intervalo da República de Weimar e presentemente com Lei Fundamental de Bonn, que escapam já aos limites temporais deste trabalho. No mais, as concepções alinham pelo *elitismo*, pela aristocracia e pela crença *nacionalista* (Opitz, 1998, 29) ou regionalista ou imperial conforme o espaço ou o tempo.

Talvez a matéria cultural mais importante seja a *Kaiser Idee* e a necessidade da concretização do *Reich* como resultado dessa mesma ideia. A Germânia teve inúmeras construções imperiais, sendo o primeiro destes (que durou mais de 1000 anos), aquele a implantar raízes mais profundas a este nível. A acrescentar ao I *Reich*, outras experiências imperiais houve: o II *Reich* (1871-1918), o Império Austríaco (1806-1867), a Confederação Germânica (1815-1866), a Confederação Germânica do Norte (1866-1871), o Império Austro-Húngaro (1867-1918). Além do que: *Austriæ Est Imperare Orbi Universo* –" Cabe à Áustria Imperar em Toda a Terra" (era divisa de Friedrich III.).

Não nos pode admirar, por conseguinte, o projecto *transhistórico* do *Pangermanismo* – a união de todos os povos germânicos e germanizados numa Germânia delimitada pelas suas fronteiras histórico-culturais – e a subsequente noção de que o poder germânico é ciclicamente hegemónico, noções constringentes para a compreensão deste estudo. Com efeito, a hipótese já foi devidamente testada, tendo na base a Escola de Geopolítica Alemã (Morgado, 2011b), pelo que o que aqui se procura fazer é testar novamente o argumento, mas à luz do exame empírico na História.

Sem dúvida alguma, a noção imperial germânica nasceu com o Sacro Império Romano-Germânico, restaurando a ideia romana. Nos seus inícios, tratou-se de um *"estado"* feudal de cadeias de poder entre o Imperador e os seus vassalos, no qual o Cristianismo, herança inseparável da cultura germânica *tout court*, envolveu o plano político, dando origem a graves conflitos. A seu tempo, adveio o "Estado estamental", a primeira fase do estado moderno, fluido de uma comunidade histórica, assente na cultura germânica e seus valores multisseculares, entre os quais se encontram aqueles que fizeram perdurar a construção política por tanto tempo: a hierarquia e a noção de obediência (à aristocracia que dominava a política) que se lhe junta.

De facto, nesta simbiose do feudalismo, entendido no sentido de sistema sociopolítico que consagra as relações de poder em pirâmide (Magris, 1990: 67-68), garantidas por submissão, em cujo topo está o superior aristocrático, com os estamentos sociais tidos enquanto limitadores do poder imperial – assim autocrático, porém não despótico – encontra-se à cabeça do *Reich*, esse *Kaiser* que detém a legitimidade e a efectividade do poder central a partir do qual, de cima para baixo, se distribui a lógica de comando político.

Por outro lado, o momento histórico e a acção das elites farão aprofundar a noção cristã do *Reich*. Em verdade, desde Karl *der Große* [Carlos Magno] que o *Kaiser* (a par do Papa) reinou sobre o Império com a «*graça de Deus*», vulgo, o plano político jusdivinista: «*Non est enim potestas nisi a Deo*» ["Não existe poder senão vindo de Deus" – Rom 13:1].

O Sacro Império Romano-Germânico, que atinge a maioria do período temporal desta estudo, afigura-se na entidade política fulcral, para o entendimento da História da Germânia. A sua tradição, a sua aristocracia, os seus Imperadores são registos fundamentais para se ler a matriz cultural germânica. A descentralização *esse in*, a independência da aristocracia, a liberdade das Cidades Imperiais, a prosperidade das Cidades da Liga Hanseática, a fidelidade da Cavalaria – entre a qual se inscreve a mítica Ordem Teutónica – tudo são sinais completamente impossíveis de desprezar, se se pretender uma análise objectiva e séria.

Muitos pensadores se questionaram (3) sobre os motivos pelos quais essa construção imperial, aparentemente tão débil – dado que o *Kaiser* era eleito por um *Kurfürstkollegium* e dadas as constantes lutas de poder entre a aristocracia – se estendeu por tantos séculos. O facto de ser herdeiro do Império Romano do Ocidente, para alguns, não servirá de nada para responder à questão, mas o peso de um ordenamento jurídico e pacificação da Europa Central sob a Coroa de Otto I. serão, sem dúvida, uma excelente parte para a explicação. O papel elitista (– que possui também uma origem cristã (Mt 13:11)) desempenhado pela aristocracia – e que criou culturalmente a incompatibilidade com a democracia – foi também digno de nota.

A talho de foice, lembre-se que o Papado, que se depara com uma durabilidade de mais de 2000 anos, se estrutura na eleição do seu *Imperador* por uma assembleia aristocrática: o Colégio Cardinalício em Conclave. E é positivo não perder de vista estes exemplos, para uma compreensão holística.

O Sacro Império Romano-Germânico, entidade multinacional, com o seu carácter sagrado e vocação universal encontrará, em pleno século XVI a reformulação dos seus intentos com a *Monarchia Universalis* de Karl V.

Quanto às relações luso-germânicas, e com o intuito de introduzir o tema, bem a propósito se podem citar as palavras do escritor português Eça de Queiroz n' *A Relíquia*: "*o brilho que sai do capacete alemão, D. Raposo, é a luz que guia a Humanidade*", pois a "*Alemanha é a mãe espiritual dos povos*". D. Raposo, bem à Portuguesa de *Aquém e de Além-Mar* haveria de respondeu: "*Sebo para o capacete!*"

### *Um segmento luso-germânico*

Ao findar este lacónico comentário às bases culturais germânicas, toma-se a iniciativa – talvez atrevida – de compará-las à milenar cultura Portuguesa, procurando extrair algum sumo.

Os povos germânicos: organizados, austeros, correctos, aplicados, pragmáticos, ordeiros, disciplinados, poupados, trabalhadores, previdentes, e apesar de tão diferentes entre si, pelas muitas diferenças tradicionais, com um traço de semelhança que apela à união – um "povo devoto e fácil de governar" segundo Martin Walser (Vilarinho, 1974/5: 184) apresentarão também outras facetas mais místicas. Thomas Mann (1875–1955), escritor e Prémio Nobel, registou:

"os alemães são um povo da contra-revolução romântica, contra o intelectualismo filosófico e o racionalismo do Iluminismo, de um levantamento da música contra a literatura, da mística contra a claridade. . ." (Scheidl, 1999: 89) – e mais se acrescenta:

". . .não quero política, quero objectividade, ordem, decência. Estou profundamente convicto de que o povo alemão nunca amará a democracia política, porque simplesmente não gosta de política. A diferença entre o espírito e a política é a mesma diferença que existe entre a cultura e a civilização, a alma e a sociedade, a liberdade e o voto eleitoral, a arte e a literatura. O facto de ser alemão   é   cultura, alma, liberdade e arte e não civilização, sociedade, voto eleitoral ou literatura" (Fischer, 2007: 242).

Indubitavelmente, e segundo este quadro traçado, a cultura alemã tornou-se reaccionária à *"civilização"* (Opitz, 1998: 145), entendida como francesa, herdeira da revolução burguesa e do pensamento iluminista. ". . .O romantismo germânico tinha habituado [habituou] os Alemães [povos germânicos] a pensar num universo mágico que ignorava a lógica e a razão (Angebert, 1973: 162). Assim se rejeitaram o contratualismo, o individualismo e o liberalismo, bases do Estado constitucional que vieram a arruinar as fórmulas políticas multisseculares da Germânia. Contudo, não antes de 1918 (4).

É nesta encruzilhada que se pode colocar a Nação Portuguesa. "Talvez sejam almas gémeas [portuguesa e germânica] que se amam e se alegram com cada reencontro, sem para isso necessitarem de possuir razões específicas" escreveu Daehnhardt (2002: 14). Mas o facto é que os Portugueses – no complexo mítico dos quais "aparecem raízes indo-europeias, pré-helénicas e célticas" sendo também certas as "influências germânicas" (Loução, 2002: 24) – são resultado dos nativos da Ibéria (entre os quais Lusitanos) com os celtas (celtiberos) em junção com tribos germânicas (Suevos, Vândalos, Visigodos). Isto para abordar apenas alguns veios.

De acordo com o mesmo Daehnhardt (2000: 11), ambos são povos de "profunda fé, reagentes ao materialismo e ao racionalismo" redutor, daí a tal encruzilhada em comum.

Quer os povos germânicos quer a Nação Portuguesa possuem o seu messianismo e saudosismo patriótico: os primeiros com Friedrich I. e a lenda do Imperador adormecido (Morgado, 2011b: 42), os segundos com D. Sebastião. Igualmente ostentam figuras míticas: Irminn e Viriato.

Por outro lado, quando lemos *Das Nibelungenlied* [a *Canção dos Niebelungos*] ou vemos e ouvimos *Der Ring Des Nibelungen* [*O Anel do Nibelungo*] de Wagner (1813-1883), que conta as lutas dos Borgonheses contra os Hunos, estamos a presenciar a História dos antepassados do primeiro Rei de Portugal e com ele da primeira dinastia.

E a propósito de monarcas, Portugal teve 11 soberanos germânicos e o Sacro Império Romano-Germânico teve duas Imperatrizes Portuguesas (esposas de Friedrich III. e Karl V.).

Em favor de: valores impressos na conquista nobre e audaciosa (Cruzados), na política (11 soberanos germânicos), na reorganização militar portuguesa (dois generais de génio: Duque de Schomberg (século XVII) e Conde de Lippe (século XVIII)), nos próprios domínios de artilharia (Descobrimentos), no conhecimento (Valentim Fernandes), nas artes (Alfredo Keil (1850-1907) compôs a música de *A Portuguesa*) e no apego às infalíveis verdades metafísicas (Visigodos, a quem devemos a nossa cristianização depois filiada em Roma) em favor de tudo isto e do que mais se escreverá, resolveu-se introduzir, neste livro, um segmento luso-germânico, atrevimento este *quasi* escusado, face à excelente obra de Rainer Daehnhardt cujo mérito, valor e originalidade se reconhecem, sendo aquele autor uma autoridade nessas matérias.

Aludidas algumas semelhanças entre portugueses e germânicos, não podemos deixar de exarar algumas diferenças.

Enquanto os portugueses, amantes da paz, combatem apenas quando a guerra lhes será imposta – aí combatem extraordinariamente, como nos indica Loução (2002: 7), como vimos, os povos germânicos nutrirão até ao sangue – demonstra a sua História – um fervor e exaltação pelas batalhas.

Um outro aspecto que distingue o nosso povo latino dos nórdicos em mira reflecte-se no aspecto de que as velhas "tribos lusitanas viviam independentes entre si" (Loução, 2002: 25) e esse factor, radicalizado no individualismo, marcará ainda hoje a vida dos portugueses, ao contrário do sentido de comunidade dos germânicos.

Infinitamente distinto é, da mesma forma, o modo de acção marcadamente lusitano, da velha astúcia que contempla o "improviso" e o "desenrascanço", ao contrário do planeamento metódico e organizado dos povos germânicos.

Na dissemelhança, por último, a geopolítica: "A perspectiva alemã, dada a sua posição geopolítica, sempre foi muito mais eurocêntrica do que ultramarina" (Fischer, 2007: 210) ao contrário de Portugal, cujo passado e o futuro está e estará no Mar. Não perceber essa directriz básica, tem sido fonte dos nossos problemas.

# PARTE II

# DA GERMÂNIA PAGÃ

# Título II.

# DAS TRIBOS GERMÂNICAS

# À ORGANIZAÇÃO IMPERIAL

## Capítulo 1) As raízes: empunhando a *Franziska* e dedilhando a *Lyra*

### 1.1) Um relance pelas tribos germânicas

Os povos germânicos que, na sua origem, entre 600 a.C. e 300 a.C., desceram da Escandinávia (actuais Suécia, Noruega, Dinamarca), não se organizavam em "estados", mas eram antes comunidades tribais assentes hieraquica e ascendentemente na família, no clã e na tribo. A *Assembleia dos Guerreiros* era o órgão mais importante de cada tribo, na qual se tratavam os assuntos mais relevantes, a saber: a guerra, paz, crimes de traição, entre outros. Desta assembleia surgia, pois, a escolha do *Rei* que dispunha de imensos poderes entre os quais se contavam o judicial, o militar, o governativo e o religioso – *"pero los reyes no tienen poder ilimitado. . ."* frisou Tácito (2007: 33).

Sobre a religião, as tribos germânicas – pagãs – adoravam as forças da natureza, sendo que entre os seus deuses (Davidson, 1990) podemos encontrar: *Odin* (*Wodan*) senhor da Guerra, *Thor* (*Donar*) protector dos camponeses e *Tiwaz* que comandava os céus. O culto era celebrado ao ar livre, no alto de uma montanha, e acreditava-se na vida depois da morte. A este propósito, a crença em *Walküre* defendia que estas deusas da guerra cavalgavam pelos campos de batalha para recolherem os espíritos dos valentes guerreiros mortos em combate, a fim de desfrutarem do paraíso *post-mortem,* o *Walhall* (Davidson, 1990: 149-153).

De facto, se existe algo que interliga as distintas tribos germânicas entre si, são as crenças religiosas. Das terras do que viria a ser a Prússia às margens do Danúbio, têm vindo a ser descobertos amuletos com representações comuns a uma esmagadora maioria das tribos teutónicas. Porém, a ideia essencial a reter é a independência e conflitualidade entre as tribos germânicas que vai levar, aquando da construção imperial, a muitos conflitos na escolha do ocupante ao trono.

No que se refere ao direito, não existiam normas escritas sendo, com efeito, os comportamentos sociais dirigidos por um *direito consuetudinário*, transmitido oralmente pelas gerações.

Fig.1- *Åsgårdsreien*, Peter Nicolai Arbo, 1872
Fonte: Fotografia (colecção pessoal)

Como é notório, neste ambiente a guerra assumia um papel fulcral em todos os domínios da vida das tribos germânicas: desde a partilha das terras (imprescindíveis à prática da agricultura e pecuária) feita pelos melhores guerreiros, até à religião que fazia desejar aquele paraíso, no qual os guerreiros mais corajosos alcançariam glória plena e eterna.

Num outro âmbito, a escrita dos germanos usava Runas (cujo alfabeto é distinto do alfabeto latino), embora estas tivessem apenas uma função decorativa e mágica e não tanto para a comunicação (Tácito, 2007: 39). Caiu em desuso com a cristianização dos povos germânicos, como relembraremos adiante.

Contudo, que tribos germânicas são estas que se referem? Nos exemplos de teutões encontram-se: os Suábios ou Alamanos (que se centraram grosso modo em Alsácia-Lorena, Suíça, *Baden-Würtemberg* e Áustria – e que deram origem à palavra francesa *Allemagne*, da qual deriva a palavra portuguesa *Alemanha*); os Catos (habitantes de *Hessen* e sul da Baixa-Saxónia, tribo esta que participou activamente na Batalha de *Teutoburg*); os Godos (Ostrogodos "godos do leste" e Visigodos "godos do oeste" vindos da Península Bizantina); os Suevos (oriundos do espaço entre os rios Oder e Elba e aliados dos Alamanos); os Burgúndios ou Borgonheses (provenientes da costa do Báltico e que se estabeleceram na Borgonha dando-lhe o nome); os Queruscos (que habitavam a Baixa-Saxónia); os Francos (originários da Frísia); os Lombardos (que se fixaram em Itália); os Vândalos (que ocuparam vastas regiões, tidas hoje como polacas – entre o Oder e o Vístula); os Saxões (situados no noroeste da Alemanha e que invadiram também as ilhas britânicas); os Bávaros (provindos da Boémia e instalados na Baviera).

Estas designações e localizações constituem-se *grosso modo*, uma vez que as tribos germânicas estavam em migração constante.

Para finalizar este relance sobre as tribos teutónicas, é ainda de certa relevância a clarificação que, segundo alguns autores, os celtas sendo nórdicos, não são um povo germânico; o que não deixa de ser interessante tendo em conta que, ao que parece, o próprio termo latino *germanus* é de origem celta (Tácito, 2007: 25).

## 1.2) Arminius, primeiro herói germânico e a Batalha de *Teutoburg* (ano 9 d.C.).

Arminius ou Irmin (16 a.C.? – 21 d.C.?) (5) derrotou as legiões romanas de Publius Varus (46 a.C.? – 9 d.C.) na Batalha da Floresta de *Teutoburg*, travada nos limites do actual Estado da Baixa-Saxónia e ocorrida no ano 9 da era Cristã.

Esta batalha, que ainda hoje está gravada no imaginário germânico, usou de uma táctica de emboscada em que as três legiões romanas (cerca de 20.000 homens) foram dizimadas, terminando, dessa forma, a expansão romana para lá do Reno. Com ela, Arminius transformou-se, para as tribos germânicas, no arauto da luta pela liberdade face ao Império Romano (Hartenstein, 1986). Oriundo da tribo dos queruscos – que estava submetida aos romanos – o chefe militar Arminius, que fora educado em Roma e agraciado pelo poder imperial chegando mesmo a constituir-se cidadão e militar romano, revoltava-se contra o seu processo de romanização, em prol da fidelidade aos seus valores tribais – "não existe mortal que supere os germanos no que toca à lealdade" comentava Tácito.

Assim, após a Batalha de *Teutoburg*, Arminius, para além do feito militar em si, conseguira ainda outro resultado notável: unira as tribos germânicas, tão independentes entre si, contra um inimigo comum. Ao fazê-lo, rompeu com a ordem germânica do poder dissipado pelas chefias das diversas tribos e concentrou-o em si, uma mudança radical que levaria, determinantemente, ao seu assassinato.

Tal como o lusitano Viriato, também Irmin faz parte dos alicerces da crença popular num herói rodeado de mistério. Os mitos que alimentam as nações.

No que se refere ao facto de a batalha ter sido travada numa floresta, diga-se de passagem, que as tribos germânicas habitavam preferencialmente nestas e não será por acaso que ainda hoje a Alemanha e Áustria, por exemplo, possuem respectivamente 31,7% e 46,7% do seu território nacional como área florestal. De resto, e na linha da mitologia, as árvores da Germânia protegiam as suas tribos. Por seu lado, os Romanos tinham todo o receio de penetrar nas florestas, quer pela dificuldade em recuar em caso de ataque, quer pela impossibilidade de manter a formação militar – e como será escusado acrescentar, Arminius, profundo conhecedor da mentalidade romana, tinha perfeito conhecimento destas realidades. A longa fila de 10 km de soldados romanos representou o seu fim e a História, em *Teutoburg*, confirmou os factos prenunciados.

## 1.3) A presença dos teutónicos na Península Ibérica.

No ano 375 os Hunos invadiram a Germânia, empurrando as tribos germânicas *para* o Império Romano do Ocidente, o que viria a condicionar a sua queda em 476.

Relativamente à sua presença na Península Ibérica, foram os Suevos o primeiro dos povos germânicos a conquistar terras do que viria a ser o nosso país. Entre os séculos V e VI (411-585) estabeleceram um reino no Norte e Centro de *Portugal* e na *Galiza*, reino este que viria mais tarde a ser conquistado pelos Visigodos. Originários de entre os rios Elba e Oder, como se mencionou, os Suevos fizeram de *Bracara Augusta* (Braga) a sua capital e viram-se obrigados a lutar contra os alanos, tendo para esse efeito, construído, no que é hoje a cidade do Porto, muros desde o local onde hoje se situa a Sé até à Ribeira: *Portus Cale*, designação de que deriva o nome PORTUGAL.

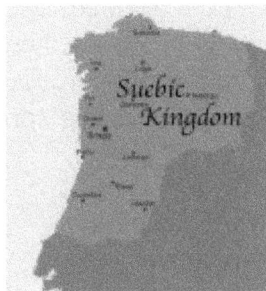

Fig.2 – Mapa do Reino dos Suevos (Medieval Times, 2013)

De acordo com vários pensadores, os Portugueses nortenhos (Marjay, 1971) herdaram a forma de vida deste povo teutónico, nomeadamente ao nível da pequena propriedade rural, que contrasta com os latifúndios do sul do país.

Lugar de destaque encontra também a presença dos Vândalos, cujo Rei, Giserico (389?-477), entrou na Península Ibérica com o seu exército de 18.000 homens, no ano de 428. Tendo em mente conquistar Cartago, o Rei dos Vândalos precisava de navios e navegadores para atravessar o Mar Mediterrâneo. Porquanto, essa ajuda foi dada pelos Lusitanos, mestres no conhecimento naval por influência fenícia e que, assim, terão transformado o exército terrestre vândalo numa esquadra própria para a conquista. Tomando as ilhas Canárias, Baleares, Córsega, Sardenha, etc. Giserico invade Roma em 455 e desembarca também na Líbia, Palestina e Egipto. Numa batalha naval afunda a esquadra do Império Romano e anos mais tarde a do Império Bizantino (ou Império Romano do Oriente (395/1453)). Essas, não teriam sido empresas possíveis sem a ajuda Lusitana e com ela ergueu um *"Império tão vasto como o Império Romano"* (Daehnhardt, 2002: 20).

Contudo, os Vândalos, que haviam convertido os Lusitanos ao Cristianismo Ariano, foram conquistados pelos Visigodos, e posteriormente dispersos ou eliminados por estes. Com os Visigodos – Rei Recaredo (?-601) – foi implantado o Cristianismo da Igreja de Roma que ainda hoje prevalece em Portugal. Como sustenta Loução (2002: 93), o procedimento da mudança religiosa deu-se por meio da conversão do rei e das elites germânicas que se haviam fixado na Península Ibérica. Para além desta herança, Portugal receberia também a tradição visigoda da monarquia baseada na cerimónia de eleição/aclamação do Rei e não na sua coroação por hereditariedade *ipso facto*.

Fig.3 – Mapa do Reino dos Visigodos (Garbtheworld, 2013)

Entre tantos exemplos da influência nórdica em Portugal, pode mencionar-se a Póvoa do Varzim que foi colonizada pelos "Vikings" e a própria cidade de Lisboa sofreu ataques de grande importância ao longo da Era Viking (Jacobsen, 2000) (séculos VIII-XI). Martingança (6), por sua vez, foi vila fundada por Cruzados germânicos.

Em suma, os Portugueses, derivado destas presenças teutónicas: Suevos, Vândalos e Visigodos, tomaram como certas as *"influências germânicas"* (Loução, 2002: 24).

No ano 711, dá-se a invasão muçulmana na Península Ibérica comandada por Tarik (689-720) e o território que hoje corresponde a Portugal foi varrido pelos mouros, assim permanecendo até à Reconquista Cristã.

## 1.4) A romanização de parte da Germânia

A Germânia romanizada pela acção directa do próprio Império Romano – tombado com a abdicação de *Romulus Augustus* no ano 476 d.C. – corresponde à Germânia a Este do Reno e a Sul do Danúbio e nela se encontram as cidades romano-germânicas de: Köln, Aachen, Trier, Straßburg, Worms, Regensburg, Augsburg, Wien, entre outras. *Köln (Claudia Ara Agrippinensis)* chegou a ser a maior cidade a norte dos Alpes, com 40.000 habitantes

Todavia, releve-se uma cidade romana a leste do Reno, destruída após a Batalha de *Teutoburg*: *Waldgirmes*, na qual conviviam, sem conflitos de maior monta, romanos e tribos germânicas.

Porém a coexistência no geral, atentamos, não era pacífica – Roma era a potência e a Germânia a província, sujeita ao pagamento de impostos. Varus, a propósito da Batalha de *Teutoburg* já mencionado, não sobrevivera a esse conflito, dado que a sua ineficácia governativa, baseada no seu desprezo pelos teutónicos, levara à revolta daqueles que se deviam submeter ao poder do Império Romano – contudo com destreza política e não com execuções e crucificações indiscriminadas. As guerreiras e orgulhosas tribos germânicas, não se aclimatavam a esse tipo de discricionariedade do poder, muito menos à humilhação.

De resto, e porque Roma se impôs pela força, paira ainda hoje no inconsciente colectivo germânico (tal como no português) uma certa antipatia para com o Império Romano. Aliás, como se infere desde já, grande parte da Germânia, não foi romanizada pela mão dos Césares, antes bárbara, acabou por encontrar um germânico que a romanizou por um lado, e cristianizou por outro. Isto, no século IX, portanto quatro séculos depois do desaparecimento do Império Romano. Refere-se, evidentemente, Karl *der Große*.

Não obstante os germânicos serem vistos como os *bárbaros* pelos romanos, estes apreciavam: a audácia, o valor guerreiro (7) e a disciplina militar, a hospitalidade, a vida comunitária, o sentido de liberdade e de independência e a pureza de costumes dos primeiros. Tudo somado pode concluir-se que os Romanos prezavam a cultura das tribos germânicas.

Prova disso se encontra no estupendo livro *Germânia* de Tácito, escrita por volta do ano 89, obra de género etnográfico que versa sobre o clima, o solo e o carácter dos povos germânicos.

Os teutónicos, por sua vez, foram-se infiltrando no Império Romano, quer apenas instalando-se e cultivando terras dentro das fronteiras do império, quer mesmo ingressando no exército e ascendendo a postos de comando. O *limes* de mais de 500 km que o Império Romano estabelecera como fronteira para com as tribos germânicas não era portanto, impenetrável, antes pelo contrário. E os teutónicos, não pretendendo destruir, desejavam antes ingressar no mundo romano e gozar da sua prosperidade.

Aliás, como se indicou profusamente, bravos guerreiros, os povos germânicos faziam gosto em engrossar as fileiras dos exércitos de Roma como mercenários – assim muitos chegaram a alcançar a cidadania romana. Exemplo crasso se encontra em Longinus (?-?), soldado romano de origem germânica que, presente na crucificação de Jesus Cristo, Lhe penetrou o flanco de onde jorrou sangue e água (Jo 19:34). A propósito, segundo se crê, a própria lança desse acto pode ser contemplada no Palácio Hofburg, em Wien, um centro secular e espiritual do Sagrado Império Germânico e Cristão, que vale a pena visitar.

Resumindo, aquela Germânia (Ocidental e Meridional) que foi alvo da primeira fase da romanização absorveu as ideias de Roma, as suas instituições civilizadas (embora adaptadas) e a fé Cristã.

Nestas circunstâncias, pode desvendar-se os princípios da simbiose cultural romano-germânica, em que a nobreza germânica procurava os artigos de luxo romanos e imitava a forma de vida dos patrícios – a peculiar aristocracia romana. Efectivamente, os povos germânicos, em breve, viriam a carregar em ombros o legado de Roma e a reconstruir um império na Europa Central – de ora em diante encimado pela Cruz. Numa palavra, *Der Germane,* "a magnífica besta loira" (Taha, 2007: 19) como lhe chamava Nietzsche, vai romanizar-se e cristianizar-se e a lira que outrora tocava durante as ceias com a finalidade de louvar os feitos do chefe guerreiro nas batalhas travadas, tocará, de aí em diante, em louvor dos mistérios da fé em Jesus Cristo.

## 1.5) Os francos e o raiar do Império milenar

Tendo sido os Alamanos (8) conquistados e governados pela tribo rival – os Francos – a partir de 496 (Batalha de *Zülpich*), é a ascensão deste povo germânico que vai testemunhar a primeira página para a construção do Sacro Império Romano-Germânico.

O rei franco sálio Chlodwig I. (466-511), continuador da dinastia Merowinger [Merovíngia] (481) pós-queda do Império Romano do Ocidente (27 a.C./476), forjou os laços desse reino franco. Após a sua vitória na batalha *Zülpich,* que entendeu dever-se à intercessão de Jesus Cristo sobre os antigos deuses, fez-se baptizar e converteu-se ao Cristianismo na catedral de Reims, no mesmo ano de 496 (9), levando também à conversão de 3.000 dos seus nobres vassalos, que compunham uma rica e poderosa aristocracia rural que imperou na Germânia por séculos. Se considerarmos dela exemplo, a aristocracia fundiária da Prússia que só foi eliminada no pós-II Guerra Mundial, fica-se com uma ideia da continuidade histórica. Por seu lado, esta cristianização, sem dúvida, foi passo essencial para ganhar o apoio dos bispos, aliados fundamentais para a construção do poder imperial que se preparava.

Foi também por acção dos francos, por intermédio dos bávaros, que os territórios eslovenos abandonaram o paganismo (745) e assim se ligaram à construção germânica até 1918.

Chlodwig I., herdeiro do Império Romano, "cristianizado" pelo Imperador Romano Constantino (10), via-se agora com a tarefa dos inícios da reconstrução imperial e religiosa em mãos.

Instituindo uma nova criação legal – a *Lex Salica* (11) – Chlodwig I. assegurou, no campo do Direito, a novidade, para as tribos germânicas, da lei franca escrita pelo punho romano. Erguendo-se como soberano máximo, ungido rei cristão, pretendeu afastar-se da noção de *primus inter pares* que grassava na cultura germânica consuetudinária, tal qual se constatou (12). Em suma, o repúdio da velha religião pagã e do velho costume político tido como demasiado *igualitário.*

Neste enquadramento, o papel de Santo Agostinho foi precursor e decisivo. Em pleno século V, o Bispo de Hipona defende uma noção comunitária de Estado, em que as relações de pertença entre os indivíduos são *afectivas* e não *contratuais* (13). Todavia, mais importante do que este afastamento da concepção jurídica romana, foi a cristalização de princípios políticos de S. Paulo e Santo Ambrósio, *id est,* a origem divina do poder e a subordinação do

Estado, entendido como "Estado de crentes", ao Papado. O Império Franco vai fundear-se nestes pressupostos, embora a submissão do Estado ao Papado jamais seja aceite no íntimo dos Imperadores Germânicos e não obstante o Papa Gregório Magno (540? -604), ter vindo a consagrar a essa subordinação. Esta dimensão seria retomada posteriormente, na linha da História, como se descreverá adiante.

Por seu lado, dado que este novo reino franco exigia uma vasta elite de funcionários para a sua administração, o seu poder foi aumentando e com este, o próprio poder dos funcionários.

Entre estes funcionários, o mais importante era o *Hausmeier* ou *Maior Domus*. Nos inícios do século VII o cargo passou para a família de Pippin. Pois bem, será desta família que nascerá *Karl Martell* [Carlos Martell] (688-741), o fundador da dinastia Karolinger [Carolíngia] e duque dos francos, protagonista que derrotou a invasão muçulmana e impediu a islamização de toda a Europa (Batalha de *Tours* (ou *Poitier*) no ano 732), alcançando o título de *Herói da Cristandade*, concedido pelo Papa Gregório III (690-741).

Assim se abriu o caminho para Karl *der Große* (747-814), uma vez que seu pai, Pippin *der Jüngere* [traduzido como *o Breve*] (714?-768), segundo filho de Karl Martell, destronaria o último rei merovíngio e tomaria o seu lugar (751) – isto com a bênção do Papa Zacarias (700-752).

## 1.6) O surgimento da palavra *Deutsch* (séc. VIII)

A palavra *Deutsch* [alemão] nasceu provavelmente na Baviera, de acordo com Opitz (1998: 122), por volta do século VIII e significava *Volkssprache* [língua popular]. Logo detinha conotação linguística e não étnica ou racial, comprovando-se o que foi afirmado no Título I. Embora essa língua não fosse uniforme e perfeita (como ainda hoje não é, pelo menos ao nível da pronúncia), à época mencionavam-se assim, as línguas que as diferentes tribos germânicas falavam: o antigo saxão, franco oriental, bávaro, etc.

Palavra derivada de *thiutisk*, ou em latim *theodiscus*, *Deutsch* significava apenas "o que os povos falavam" (Schulze, 2001: 24).

Para dar algum aprofundamento ao tema, recorre-se a Schwanitz (2009: 86-87) que esclarece a existência de um *Hochdeutsch* [alto alemão] e *Niederdeutsch* [baixo alemão]. Enquanto o primeiro evoluiu para o médio alto alemão e nele foi escrita a *Canção dos Nibelungos* e o *Parzifal*, o segundo era a língua falada na área da Liga Hanseática e da qual derivou o holandês. Ainda relativamente ao *Hochdeutsch*, actualmente é falado como padrão de pronúncia no norte da Alemanha, isto graças à influência de Luther que, traduzindo a Bíblia, naquela região achou maior difusão. Assim, o *Hochdeutsch,* proveniente do sul, proliferou no norte, sem interferência de outros dialectos.

## 1.7) A Cristianização da Germânia

Entre os séculos VI e VIII, foram os Alamanos cristianizados pelos apóstolos São Galo (489-554) e São Columbano (540-615). Mas esta cristianização foi bastante limitada.

Como já foi analisado, enquanto a Germânia ocidental e meridional adoptou o cristianismo por meio da romanização *avant la lettre*, outra parte da restante Germânia foi sendo cristianizada por Chlodwig, grande impulsionador do que se pode entender como tendo sido uma segunda vaga da cristianização da Germânia, sendo que a sua "totalidade" terá sido conseguida por Karl *der Große*. Todo este processo, fomentado, em muito, pela acção enérgica da Ordem de São Bento (Beneditinos), criada no século VI (14), prolongou a romanidade (*cultura-viveiro*) e garantiu a importância de Roma e a obediência ao Papa como real representante de Jesus Cristo na Terra. De resto, é tido que "«São Bento foi, sem dúvida nenhuma, o Pai da Europa. E os beneditinos, seus filhos, foram os Pais da civilização europeia»" (Woods, 2005: 12).

A cristianização da Germânia trouxe, como se referiu, o desuso da escrita *Runas*. Todavia, denote-se que a tarefa de construção imperial cristã que se avizinha, levada a cabo pelos povos germânicos, foi trilhada, inicialmente, sem abandonar alguma crença pagã e «os poderes do trovão, da guerra e da morte». E eis um bom exemplo:

Fig. 4 – A Cruz com a Roda do Sol – a fusão da herança da
Germânia pagã
com a *Boa Nova* Cristã

Encerra-se esta Parte II, fazendo questão de sublinhar sobremaneira que as tribos germânicas constituem a ligação entre o paganismo e a reconstrução de um Império na Europa Central, entendido com o Cristianismo na base do *poder político*. Os povos germânicos constituem, pois, o elo entre a Antiguidade Clássica e a Idade Média, a ponte, o laço, entre estas realidades do Velho Continente. Verdadeiramente, das ruínas romanas, as tribos germânicas ergueram a Cruz.

Sem ter estas noções devidamente solidificadas, não se conseguirá compreender o papel que a Germânia irá assumir de ora em diante: o propósito da união da Cristandade, tendo em vista o fim escatológico.

Assumindo a herança romana, foram, então, as tribos germânicas que se comprometeram sobremaneira na difusão do Cristianismo pela Europa e na reorganização desta numa base imperial, subordinada, claro está, aos próprios povos germânicos.

# PARTE III

# DA GERMÂNIA CRISTÃ

# Título III.

# I. *REICH*

## Capítulo 1) As origens do *Reich*: a germanização da ideia imperial romana *In hoc signo vinces*

### 1.1) Karl *der Große* e o apogeu imperial

Karl *der Große* (747?- 814) terá nascido em Aachen e ficou assim caracterizado pelo seu cronista, Einhard (770?-840):

"De constituição forte e robusta, possuía estatura elevada, mas não excessiva, pois media sete pés de altura. Tinha a cabeça arredondada, olhos grandes e vivos, o nariz um pouco comprido, belos cabelos brancos e a fisionomia alegre e atraente... Era sóbrio no que respeita à comida e à bebida, sobretudo à bebida, pois detestava a embriaguez... Quanto à comida, moderava-se mais dificilmente e mesmo muitas vezes queixava-se dos jejuns... Nas suas refeições quotidianas só lhe serviam quatro pratos, além do assado no espeto que era o seu manjar preferido".

Intuitivo, intelectualmente original, audacioso e senhor de uma visão clara, Karl *der Große* era rígido no que se referia às conversões ao Cristianismo, e ainda que fosse imensamente conciliador ". . .no reprimir da oposição e no castigo da deslealdade, sabia ser severo até à brutalidade" (Dawson, 1941: 14).

No seu íntimo e "até ao fim da sua vida permaneceu alemão, nas suas simpatias, nos seus hábitos e maneira de viver, na sua linguagem e no seu gosto pelas velhas lendas e sagas do seu povo" (Dawson, 1941: 12).

A este homem coube a extraordinária tarefa de reunir em seu torno as tribos germânicas e alicerçar um império imenso, estendido do Mar Báltico ao Mar Adriático, do Mar do Norte ao Mar Mediterrâneo, do Atlântico até às regiões ocupadas pelos eslavos.

Portanto e com ele, naqueles anos dos séculos VIII e IX, ficaram escritas algumas das mais brilhantes páginas da História da Germânia.

Fig. 5 - Mapa do Império Carolíngio
(Chaliand e Rageau, 1993: 35)

Este vasto império europeu representou o primeiro reagrupamento político-imperial desde 476, como nos escreve Vilarinho (1974/5) e, por outro lado, recuperou um determinado nível cultural e religioso, herdado directamente de Roma.

Karl *der Große*, já como Rei dos Francos desde 768, entrou em luta contra o Rei Desiderius (710?-786) e seu povo germânico, os Lombardos, que atacavam Roma. Apoderando-se dos seus territórios – *quasi* toda a Itália – o Rei dos Francos entregou uma parte ao Papa Adriano I (700?-795) e constituíram-se, assim, as raízes dos Estados Pontifícios, confirmando a doação de Pepino (15). No ano 774, Karl *der Große* proclamou-se Rei dos Lombardos.

Ainda entre os anos de 772 e 804, Karl *der Große* ocupou-se de pacificar a Saxónia e depois a Baviera, anexando-as, assim como também uma faixa da "Hungria".

No ano de 778, fez uma incursão a "Espanha", ocupou o território até ao rio Ebro, mas as suas tropas acabaram por ser massacradas pelos Bascos.

Volvendo ao tema da religião, sobremaneira importante no Império Carolíngio, e tendo na base a perspectiva das três fases de cristianização da Germânia já formulada, esta fase de *romanização* e cristianização total seria a derradeira na Europa Central: o Imperador dizimou e submeteu as últimas tribos germânicas que se diziam pagãs (frísios, saxões, etc.) tendo, na altura da conquista da própria Saxónia, decapitado a sangue frio cerca de 5000 indivíduos que renegavam a fé cristã. Cristianizou pela força, indubitavelmente, as últimas tribos que teimavam no paganismo. Como escreveu Dawson (1941: 12) "a Igreja nunca teve filho mais fiel e devotado do que Carlos Magno" e muitos anos depois da sua morte, a mesma Igreja canonizou-o pelo seu serviço de extensão da fé. Em verdade, e como assimilou Pierrard (2002: 90): ". . .não se concebia a instauração de uma civilização que não fosse cristã" e é neste âmbito de percepção medieval que se deve interpretar este modo de agir do *Kaiser*.

Com efeito, Karl *der Große* governou apoiando-se na Igreja de Roma, por meio de um conciliador e completo dualismo entre a política e a religião: cabendo à política defender a Igreja pela espada e sendo obrigação da Igreja fortalecer o Estado e o seu aparelho de poder. Imperador e Papa, ambos representam o Reino dos Céus na Terra, pois se um comanda o corpo dos súbditos e o outro orienta a alma dos fiéis.

Fig. 6 – São Pedro investindo o Papa Leão III e Karl *der Große*
Fonte: Fotografia (colecção pessoal)

Este governo forte, coeso, autoritário, centralizado e eficiente – no qual a iniciativa legislativa (as famosas *capitulares*) era prerrogativa exclusiva do Imperador e não de qualquer assembleia; sendo que os condes (cerca de 200) eram os principais funcionários executivos – mantinha a ordem e fomentava a economia encorajando o comércio, não ficando esquecida a educação e a piedade religiosa.

Uma outra casta de funcionários importantes, para além dos condes, eram os *Missi Dominici* [Enviados do Senhor] que circulavam pelo *Reich* a fim de ouvir as queixas dos súbditos e velarem pela aplicação da lei.

Noutro âmbito, acrescente-se que o magno Imperador fundou incontáveis mosteiros e foi ordenando que se construíssem escolas em redor das Catedrais. Alkuin of York (735-804), a pedido do Imperador (793), auxiliou nesta reforma cultural e espiritual, tendo-se obtido grandes feitos: foi apoiada a liberdade de pensamento, por reforma da escrita foi criada a famosa *carolina* (letra minúscula) (Heyck, 1905: 192) que possibilitou uma leitura mais fácil, foram incentivadas as cópias de livros pelos monges copistas e a aprendizagem de latim e surgiu, *de facto*, uma renovação intelectual por meio destas actividades, proliferando-se centros de cultura pelo "*território cristão*" (Pierrard, 2002: 90). Tudo isto se designa de

*Renascimento Carolíngio*. De resto, como alerta Woods (2005: 24) a maioria dos textos da Antiguidade Clássica que chegaram aos nossos dias não serão os originais, mas as cópias destes, garantidas pelo exercício intelectual e operação de recolha, levadas a cabo na prolífica actividade cultural, nos tempos do Império Carolíngio.

Deste modo, o *Kaiser* Karl *der Große* nutriu uma enorme preocupação pela elevação do nível cultural, compreendendo, na tarefa política, uma "tarefa ideológica muito determinada" (Iáñez, 1989: 31). Assim, não se pode estranhar que da Academia Palatina, autêntico foco cultural carolíngio, tenha irradiado uma esplêndida cultura medieval que atingiu toda a Europa durante mais de um século: um sol inenarrável que deita por terra a convicção de que toda a Idade Média foi uma «idade das trevas».

E colossais são os nomes dos homens de cultura do tempo de Karl *der Große*: Santo Angilberto (?-814) (embaixador do Imperador junto do Papa), Paulo Warnefried (720?-797?) (monge beneditino de Monte Cassino), Paulinus II de Aquileia (740?-802) (Patriarca de Aquileia), Theodulf de Orléans (760?-821) (visigodo e bispo de Orléans).

Nas restantes artes, como: iluminuras, esmaltes e joalharia, os artistas do tempo do magno imperador mostraram também a sua originalidade

Deste modo, quando este esclarecido soberano já tinha a Europa a seus pés, na Noite de Natal do ano 800, foi cingido com a coroa imperial pelo Papa Leão III e aclamado do seguinte modo pelo povo de Roma: "longa vida e vitória a Carlos Augusto, o coroado por Deus, o Grande, o Pacificador, Imperador dos Romanos" (Dawson, 1941: 12).

Aachen *é* a capital do Império Carolíngio – embora o mais tarde designado de *Sacro Império Romano-Germânico* não tivesse tido uma capital política definida, senão a partir do século XVIII e essa será Wien [Viena]. Assim, assumiriam o papel de capital, ao longo da História, as cidades de Aachen a Prag, passando por Goslar, Palermo, Innsbruck, Graz, etc.

O Palácio Imperial carolíngio, sito na capital do império, copia o templo de São Vital de Ravena, mandado construir por Justiniano, Imperador Romano do Oriente, pelo que o plano octogonal, os mármores e os mosaicos são de clara influência bizantina. Quanto à Capela Palatina foi construída na inspiração do templo do Santo Sepulcro em Jerusalém. Para além do mais, escreveu Heers (1997: 40): o Imperador obteve do Papa a autorização de retirar das igrejas e palácios que entendesse colunas, capiteis, mosaicos e blocos de mármore para embelezar a sua capela.

Em suma, Karl *der Große* criou da memória e fermento do Império Romano um Império Germânico (Schulze, 2001: 7), ou seja, conciliou a unidade e autoridade imperial dos Romanos, com os laços de dependência pessoal ao modo germânico e ". . .fez tudo o que estava ao seu alcance para estabelecer a nova Europa pós-imperial sobre a base do catolicismo" acrescentou Woods (2005: 17), podendo, com efeito, ser considerado o autêntico e verdadeiro fundador, do que a História viria a designar do cristão Sacro Império Romano-Germânico. A *Kaiser Idee* que ainda subsiste na Germânia muito lhe fica a dever.

## 1.2) O Tratado de Verdun (843), a fragmentação e refluxo do Império

Quando Karl *der Große* faleceu, em 814, o trono imperial passou para o seu filho Ludwig, *der Fromme* [o Pio] (778-840). Bastou este reinado medíocre e malogrado para destruir a herança da unidade imperial de tão nobre soberano ascendente. O seu governo foi desastroso, houve retrocesso na cultura, na própria literatura (tão extensamente desenvolvida no tempo de seu pai) assim como na economia, sendo a autoridade imperial completamente minada.

Este Imperador, interessado apenas em questões de índole eclesiástica, abandonou as questões do império e quando morreu, toda a construção politica e territorial rapidamente foi divida em partes iguais por dois dos seus filhos: Karl *der Kahle* [o Calvo], e Lothar I. (795-855), sendo a Baviera, grosso modo, reservada para um terceiro filho: Ludwig, *der Deutsche* [o Germânico] (804-876).

Prontamente, porém, os três irmãos mergulharam em guerras pelo aumento de poder e em 843, Lothar I., que se havia refugiado em Lyon, foi obrigado a aceitar a solução: o famoso Tratado de Verdun e a divisão *de facto* do Império em três partes – *Francia* Ocidental, *Lotaríngia* (faixa territorial desde a Frísia ao Sul de Itália, abarcando as duas capitais imperiais até ao momento: Roma e Aachen) e *Francia* Oriental. É o desaparecimento (provisório) da unidade política imperial que simboliza, ao gosto do agostinianismo político, a "unidade cristã" (Pierrard, 2002: 91).

Fig. 7 - Mapa da divisão do Império Carolíngio (Lotaríngia absorvida)
[Euratlas, 2012 (adaptado)]

O vasto Império Carolíngio sofreu um forte revés por estes tempos. Consequentemente, a Germânia não mais ocuparia a totalidade do território da França, começando a despontar, desta forma, essa construção política, sumamente distinta da Germânia. Decerto, o império tornou-se vítima da sua própria extensão – difícil de governar pelo seu tamanho e pela diversidade imensa que o caracterizava ao nível interno. Quando Otto I. o ressuscitar, no ano 962, será mais reduzido, mais homogéneo e ininterruptamente duradouro (até 1806).

Enfim, a Germânia, compreendida agora no resultado da soma da Lotaríngia com a *Francia* Oriental entretanto fundidas – uma vez que quando Lotário morreu, Ludwig *der Jüngere* [o Jovem] incorporou no seu território germânico toda a Lotaríngia (que inclui: Alsácia-Lorena, Valónia, Flandres, a totalidade dos Países Baixos, Luxemburgo, etc.) – continuará a ser governada pela dinastia Karolinger até aos primeiros anos do século X.

Contudo, as velhas tribos germânicas (francos, saxões, bávaros, turíngios, borgonheses, suábios, lorenos, etc.) seriam sempre um entrave ao aumento da centralização do poder imperial. Em virtude deste facto, a própria lógica feudal foi encorajando os nobres e senhores a aumentar os seus poderes e privilégios em detrimento da coroa, num fenómeno causa-efeito. A propósito, convém relembrar que cabia a estes senhores feudais a defesa das populações dos ataques dos poderosos Normandos a norte, Magiares a leste e Sarracenos a sul, uma vez que a autoridade imperial estava minada, enfraquecida e incapaz de uma reacção em larga escala. Portanto, antes de se refundar o Império e uma vez registado o seu refluxo desde 843, o primeiro passo seria encontrar uma plataforma de comum de entendimento entre os diversos e diferentes povos germânicos, fragmentados no mais alto grau.

Todavia, e nesta imensa confusão da dissolução e fragmentação do Império, importa relevar com veemência que existiu um reagrupamento muito importante entre 843 e 962. Karl III., *der Dicke* [O Gordo] (839-888) conseguiu fazer-se coroar Rei de "França" e Imperador da Germânia, ou seja, conseguiu refazer na *quasi* na totalidade, o Império Carolíngio – à excepção da Provença e da Borgonha. Contudo, a sua patente incapacidade para estancar as invasões e os ataques dos normandos, fez com que o seu sobrinho, Arnulf (850-899), reunisse um exército e se revoltasse, o que lhe valeu a perda de todos tronos, separando-se definitivamente o que virão a ser a França e o *Reich* – e consequentemente os seus herdeiros, entre os quais a própria *Kleindeutschland* dos nossos dias.

## 1.3) Konrad I. eleito o "primeiro" dos Reis Germânicos

Como se cuidou, o *Rei germânico* era escolhido entre a mais alta nobreza. Seguindo esse costume, nos inícios do século X, os francos e os saxões acordaram em escolher para soberano, Konrad I. Duque da Francónia, e assim se estabeleceu, embora a eleição fosse rejeitada pelos bávaros e suábios.

Falecido aquele, o rei que se seguiu foi Heinrich I. *der Vogler* [o Passarinheiro] (875-936), da dinastia de Ottonen, e com ele a Germânia começará a preparar-se para mais um novo e brilhante ciclo. Fazendo concessões, garantindo autonomias, este Rei Germânico assegurou que cinco grandes tribos germânicas: saxões, francos, bávaros, suábios e lorenos se unissem no núcleo da nascente e férrea monarquia, de ora em diante, especificamente germânica.

Alargou o reino a norte e a leste, repeliu os Eslavos, Dinamarqueses e Magiares e para estas missões militares fomentou a instituição germânica do recrutamento de homens livres, treinando os soldados para a guerra a cavalo.

Sendo um dos principais fundadores da *Cidade*, este rei mandou construir incontáveis fortificações, com fossos em volta, para a protecção e descanso dos seus habitantes e concedeu-lhes direitos de mercado e de feira, impulsionando a economia. Merseburg e Quedling (16) são dois dos muitos exemplos que se podem mencionar. De resto, o renascimento da *Cidade* foi um dos maiores contributos da Idade Média para a Civilização do Ocidente.

Todavia, nem tudo foi simples. Sem dúvida, o século X foi um século terrível, em que as invasões dos Sarracenos (Muçulmanos),

Vikings (Normandos da Escandinávia) e Magiares (provenientes da Sibéria) contra o Império Cristão estiveram no seu auge e com elas o terror, as atrocidades, as pilhagens e os massacres.

Se na primeira metade do século IX a ideia imperial já tinha sofrido duros golpes, pois Ludwig I. (filho de Karl *der Große*) fora incapaz de reunir contingentes militares e defender convenientemente o *Reich*, então somente com Heinrich I. e com Otto *der Große*, é que estes povos invasores encontraram chefes militares à altura, uma excelente resistência que os haveria de neutralizar.

## 1.4) Otto *der Große*, a restauração do Império e a nova coroa

Tendo sido expresso que Heinrich I. *der Vogler* foi um soberano brilhante, que se ocupou em alargar a Germânia: a Leste (anexando a Boémia e territórios ocupados pelos Eslavos), a Norte (repelindo os Dinamarqueses) e a Oeste (alargando o Reino Franco aos limites da Lotaríngia), pode pois concluir-se que se tratou de um soberano sensato que reuniu em seu torno e com sapiência, os povos germânicos. Fundando inúmeras cidades, reformou a instituição militar e neutralizou os ataques, pilhagens e massacres recorrentes de muçulmanos, vikings, magiares, etc. que caracterizam o século X e importam não esquecer.

Portanto, é nesta linha de acção que o seu filho pródigo, Otto *der Große* [o Grande] (912-973) se inscreverá.

Este génio militar e Augusto Imperador estará *ad aeternum* ligado à vitória retumbante que infligiu aos Magiares no ano 955, na famosa Batalha de *Lechfeld*. Aliás, após esta derrota, os Magiares aquietaram-se nas planícies do Danúbio e também graças à acção de Santo Estêvão [da Hungria] (975-1038) cristianizaram-se e assim se fundou o Reino da Hungria no ano 1000, Reino que viria mais tarde a ligar-se ao *Reich*.

Porém, na verdade, Otto I. não foi somente um génio militar. Eleito unanimemente Rei Germânico pela aristocracia teutónica no ano 936, conduziu a Germânia a um outro período áureo, estabelecendo um dos mais poderosos ciclos de hegemonia germânica na história da Europa Central. Figura notável, este imperador recuperou, então, o prestígio do *Reich* e refundou-lhe a autoridade, elevando-a acima do poder dos senhores feudais. Fomentou, como o pai, a instituição militar e alargou as fronteiras dos domínios imperiais, sobretudo a leste contra os Eslavos (inclusão do território que hoje constitui grande parte da Polónia) e a sul (quase totalidade da Itália dos nossos dias).

Contudo, repita-se, a sua importância não foi apenas política e militar. A renovação cultural do tempo de Otto I. dá seguimento ao Renascimento Carolíngio. Deste modo, foram convidados para a Corte Imperial os melhores intelectuais da época e as obras literárias assumem os contornos da cultura latina do Império Romano, se bem que com o cunho germânico de "lendas e tradições [que] conferem à narrativa um tom popular" (Iáñez, 1989: 36). E neste âmbito, subsiste uma ressalva a ter em conta: enquanto Karl *der Große* "mandou compor uma gramática em alemão e uma compilação dos velhos cânticos dos francos" (Iáñez, 1989:36), com o clero otónida, o latim passa a ser a única língua das escolas, sendo cilindrada, por conseguinte, a *língua alemã*. Um retrocesso na literatura germânica, portanto, em favor da literatura latina (Fricke e Klotz, 1971). Porém, frisa-se que existe efectivamente uma renovação cultural e a par dos elementos que se mencionaram, as alterações e inovações na arquitectura românica constituem um autêntico *Renascimento Otónida*.

A inclusão e fomento da Igreja no seu governo, foi outro apanágio do *Kaiser* Otto I. Vencendo disputas, conspirações e revoltas internas na Germânia e cilindrando os invasores externos, o soberano soube sagazmente fortalecer-se com a ajuda da Igreja, apoiando sempre os bispos e os abades, em detrimento da nobreza que ameaçava o seu poder. Aliás, ele próprio tomou três medidas de grande relevância ao nível político-religioso: chefiava a cerimónia da investidura do Alto Clero, tomou propriedades que a Igreja abandonara ou não ocupava com efectividade e era o real responsável por nomear todos os *advocatus*, ou seja, os responsáveis seculares pela exploração das propriedades agrícolas da Igreja.

Deste modo, se compreende que Otto I. nunca se esqueceu de reforçar sempre a "...supremacia imperial sobre a Igreja..." (Heers: 1977, 82-83) missão muito própria, relembre-se, da dinastia Ottonen.

No dia 2 de Fevereiro de 962, Otto I. é coroado Iimperador em Roma, pelo Papa João XII, recuperando o Império Germânico e Cristão que Karl *der Große,* 162 anos atrás, fundara.

De resto, como já se sustentou, a Karl *der Große* coube o papel de fundador da base do Sacro Império Romano-Germânico, directamente herdeiro do Império Romano do Ocidente. Assim Otto I. da Saxónia apenas restaurou e reformulou o projecto do seu ascendente imperial franco. Esta mesma perspectiva tem Schwanitz (2008: 82): "deste modo, o Império Romano voltou a entrar em cena. Esta sua reedição [de Karl *der Große*] perduraria quase exactamente mil anos até sucumbir, em 1806, em consequência das dolorosas investidas de Napoleão".

Monarca de imensas possessões, incluindo a Provença e a Borgonha, Otto I. domina todos os senhores feudais (condes e duques) e interfere na eleição dos bispos, bem como nos próprios Estados da Igreja. Em 963 chega a depor o Papa que o coroara e a fazer eleger Leão VIII, escolha própria sua. E garantiu que, de futuro, as eleições necessitariam do seu consenso. Estas interferências exageradas, por seu turno, levarão a disputas hostis, como se verá aquando da Querela das Investiduras.

O Imperador Otto *der Große* foi a cabeça de um *Reich* esplêndido, vigoroso e eficiente. E deixou, a par deste, um símbolo da *Kaiser Idee* que permanece para todos os povos germânicos: a sua coroa.

Fig. 8 – Coroa de Otto I.: a solene coroa do Sacro Império
Romano-Germânico
(Il Sacro Impero, 2013)

Estupenda obra de joalharia germânica do século X, trata-se de
uma coroa octogonal (e não redonda como a maioria das coroas)
sendo constituída por ouro e ferro, 144 pedras preciosas e um
número semelhante de pérolas. Ilustra em esmalte e de acordo com a
iconografia ao gosto do Império Romano do Oriente: o Rei David, o
Rei Salomão, o Rei Ezequias, o Profeta Isaías e Jesus Cristo.

Entre 1424 e 1796, a coroa permaneceu em Nürnberg, cidade do
antigo Ducado da Francónia, coração do Estado Franco das terras
germânicas, mas nos dias de hoje está em Wien, no Palácio Hofburg
(17) onde pode ser visitada. Oficialmente lá permanecerá, até à
designação de um novo *Kaiser* que a reclame e restaure o *Reich*.

Retomando o legado do Imperador Otto *der Große*, pouco depois
de ter sido enterrado na catedral de Magdeburg em 973, e tal como
acontecera com Karl *der Große*, o *Reich* caiu em mãos menos
capazes e entrou num período limitado de decadência.

Seu filho, Otto II. (955-983) casou-se – por prévia indicação de
seu pai – com uma princesa bizantina (Theophanu) a fim de a
dinastia Ottonen conseguir ver a sua dignidade imperial

definitivamente consolidada, por parte do Império Romano do Oriente. E esta foi a grande missão deste *Kaiser*.

Apesar de Otto II. ter ensaiado seguir a política de governo do seu ascendente e tenha conseguido a expansão pela Itália, alcançando o reconhecimento da sua autoridade por todos os principados lombardos, o facto é que as suas conquistas militares falharam na Boémia, na Lorena e não conseguiu controlar totalmente os problemas da Baviera. Falta de sorte em algumas batalhas (18) é certo, mas a verdade é que Otto II. tinha uma notória falta de tacto para os assuntos da espada.

Haveria de falecer em Roma, em 983, quando soube de uma revolta eslava nas fronteiras orientais da Germânia. Ainda hoje se pode visitar o seu túmulo, na Basílica de São Pedro, no Vaticano.

Otto III. (980-1002) haveria de recuperar a ideia de Karl *der Große* de renovação do Império Romano – *Renovatio Imperii Romanorum* – assente na noção de dependência de várias nações ao seu Império. Assim se justifica que a coroa real que Santo Estêvão usava, no Reino da Hungria, tivesse sido enviada pelo próprio *Kaiser*.

A célebre miniatura de Reichenau (Menzel, 2003: 54) em que quatro mulheres – a Eslavónia, a Germânia, a Gália e a Itália prestam homenagem e vassalagem ao *Kaiser*, inscrevem-se também nessa linha.

Soberano culto, falava latim e lia grego e aprumava-se, coerentemente, no cerimonial romano-bizantino (fusão cultural do Império Romano do Ocidente com o Império Romano do Oriente), respectivamente influência do pai, Otto II. e da mãe, Theophanu. Contudo, expirando aos 22 anos, a sua obra foi bastante diminuta.

Heinrich II. (973-1024) *der Heilige* [o Santo] seguiu-se como Imperador, tendo sido canonizado pela Igreja Romana pelo alto modelo de religiosidade e conduta irrepreensível que projectou na sua vida.

O seu governo imperial, em conformidade, regeu-se por modelos de humanismo e prática cristã, sendo a sua influência mais marcante o pedido ao Papa (1014) para que, na missa dominical, se rezasse o

Credo, ou na designação oficial, o Credo Niceno-Constantinopolitano – algo que haveria de marcar profundamente a Igreja e chegar à actualidade.

# Capítulo 2) A consolidação do *Reich*: a *Monarchia Universalis*

## 2.1) Heinrich III. e o poder da Monarquia Universal Germânica

Konrad II. (989-1043) inaugurou a dinastia Salier. Juntamente com Heinrich III. (1017-1056), ambos Imperadores lutaram contra o crescente poder feudal dos nobres que, embora obviamente fossem vassalos do *Kaiser*, tinham tomado a forma política hereditária e fortalecido, dessa forma, a sua posição (Dawson, 1941: 22). De resto, esse poder dos nobres é ilustrado pela própria disputa da coroa imperial, que passa dos francos, para os saxões, depois para os sálios e assim em diante.

Konrad II., em suma, substituiu o clero por funcionários civis nas funções administrativas e foi a prova viva de que a monarquia germânica electiva pela aristocracia já estava sólida o suficiente para funcionar sem revoltas e rebeliões. Manteve tenazmente pretensões de conquista em relação à Hungria, mas perdeu a batalha que visava à anexação, resultando numa perseguição dos seus exércitos até Wien. Acabou por assinar a paz com o Rei da Hungria.

Heinrich III., filho de Konrad II., foi um dos expoentes máximos do poder germânico. Novamente depois de mais um período de relativa decadência, a hegemonia cíclica germânica encontra neste soberano mais uma corporização plena.

Este *Kaiser*, por seu lado, procurou reformar a Igreja e apostou nas investiduras laicas para atingir objectivos de nível político e religioso. De facto, seu filho Heinrich IV. exacerbará estes assuntos e a questão tombará na famosa Querela das Investiduras, que adiante se explicará.

No que se refere ainda a Heinrich III., este conseguiu levar a bom porto o domínio sobre a Hungria, dado que o Rei daquele país submeteu-se à vassalagem perante o *Kaiser* em troca de apoio militar (1044). Logo, o Imperador do *Reich* e ao mesmo tempo: duque da Baviera, da Suábia, da Caríntia, Rei da Borgonha e da Itália foi um dos mais poderosos da História da Germânia.

A sua capital fundou-a em Goslar, uma imponente cidade medieval, efectiva preciosidade que ainda hoje permanece, na qual se pode encontrar a verdadeira jóia que é o Palácio Imperial, merecedor, sem dúvida, de uma demorada visita.

Além do mais, Heinrich III. controlava a Igreja no seio do Império, cuja autonomização veio a ter lugar no reinado seguinte, de seu filho Heinrich IV. que haveria de ter de se humilhar perante o Papa, em Canossa.

Enfim, no dia de Natal do ano 1046, Heinrich III. fez-se coroar *Imperator Augustus* para, na esteira da memória de Karl *der Große*, relembrar e avivar a *Kaiser Idee*.

Desapareceu prematuramente e, deixando um filho de 6 anos no trono, sem uma figura capaz que servisse de regente, não será difícil de prever que outro período de caos haveria de assomar.

## 2.2) A Querela das Investiduras e as desavenças com o Papado

A Querela das Investiduras constituiu o primeiro grande conflito *interno* a interromper a paz relativa que se difundira na Germânia entre 955 e 1056 (morte de Heinrich III.) (Jestice, 2008: 54). Desta feita, o conflito é com a Igreja Romana.

O Papa Gregório VII (1020-1085) protagonizou a Querela das Investiduras, decorrida entre 1073 e 1122. No seu *dictatus papae*, como nos explica Vilarinho (1974/5), o Romano Pontífice afirma que somente ele pode: dispor das insígnias imperiais e depor o Imperador, assim como investir os bispos que, deste modo, deixam de ter qualquer dependência política para com o *Kaiser* (relembra-se que na esteira de Karl *der Große,* todos os Imperadores até então investiam os bispos, pelo seu arbítrio). Para este Papa enfim, o *Kaiser*, encarado enquanto simples figura leiga, não tem qualquer direito de intervir nos assuntos da Igreja que devem ter independência, ou como classifica, com perspicácia, Dawson (1941: 23) "supremacia" sobre o *Reich*.

Contudo, o *Kaiser* (à época Heinrich IV. (1050-1106)) – considerado figura sagrada com direitos e responsabilidades de natureza religiosa, tal como todos os seus antecessores do trono imperial – iria reagir vigorosamente. O Papa tinha, na opinião imperial, exorbitado da sua autoridade, ao pretender reestruturar o equilíbrio de poder em três âmbitos: político (porque os bispos da confiança do Imperador eram um aliado poderoso contra os nobres), religioso (na necessária investidura imperial desses bispos abria-se caminho para a fidelidade e para a ajuda citada) e ainda económico (porque o Império tinha, ao longo dos séculos, oferecido propriedades à Igreja e esta independência traria a perda das rendas e direitos feudais).

Como resultado, o *Kaiser* resolve depor o Papa no Concílio de bispos germânicos em Worms no ano de 1076.

A resposta do Papa não se fez esperar. Recorrendo à mais terrível arma do poder religioso medieval, o Papa excomungou o Imperador. Em verdade, o Soberano do *Reich* «poderia ter suportado tal castigo e continuado a governar o seu Império», pode pensar-se à luz do século XXI. Todavia, os efeitos políticos deste acto em plena Idade Média são avassaladores e incalculáveis. A partir do momento que esteve excomungado pelo Papa, todos os vassalos do *Kaiser*, desde os servos da gleba até aos Reis, passando por senhores seculares e eclesiásticos – todos eles – ficaram imediatamente libertos de qualquer obrigação, fidelidade ou vassalagem. Proscrito e maldito, à mercê de Satanás, pois estava *fora* da Igreja, o *Kaiser* do Sacro Império Romano-Germânico, soberano todo-o-poderoso e representante político de Deus na Terra, ficou isolado e sozinho, com a autoridade destruída e com uns poucos indivíduos leais prontos a obedecer-lhe. Além disso, coagido pelos nobres germânicos reunidos em conselho, recebeu um último aviso de que se não se submetesse à Igreja, perderia o trono. Em face deste cenário, o Imperador vê-se obrigado a, no pico do Inverno de 1076/1077, viajar para sul até Canossa, cruzando rios e montanhas geladas – Canossa onde o *Pontifex Maximus* o recebeu finalmente no seu castelo, não sem antes o humilhar um pouco mais, obrigando o Imperador, descalço, usando cilício e vestido de saco, a esperar três dias e três noites ao frio dos Alpes, até finalmente ser recebido.

Absolvido e retractado, quando Heinrich IV. regressa ao seu palácio, toma conhecimento de que os nobres haviam eleito o seu cunhado como Rei da Germânia. Furioso com a traição e o jogo duplo do Papa que tomara parte na conspiração, o Imperador recruta um exército leal, derruba o usurpador do trono e dirige-se aos Estados Papais para ajustar contas com o líder da Igreja, que entretanto o excomungara pela segunda vez. Contudo, desta feita o acto não resulta, e Gregório VII (1020-1085) vê-se mesmo obrigado a fugir para não ser preso ou morto, sendo eleito um novo ["anti"]Papa pela mão do Imperador: Clemente III.

Heinrich IV. soberano corajoso e viril morrerá em 1106, ainda sobre a excomunhão da Igreja, e por essa razão ficou sem sepultura nos cinco anos seguintes, sendo apenas enterrado em 1111.

A Querela das Investiduras sobre a qual nos debruçamos, apenas se resolveu em 1122, sendo já Imperador o filho de Heinrich IV., Heinrinch V. e estando na cátedra de São Pedro o Papa Calisto II (1060-1124). O acordo é conseguido na Concordata de Worms: o *Kaiser* renuncia à investidura dos bispos pelo báculo e pelo anel, mas continuava, com o seu ceptro, a investir os bispos nomeados pelo Papa, nos seus feudos. Sendo certo que as maiores concessões foram feitas pelo Imperador, torna-se claro que o seu poder foi abalado – a consagração do Imperador como um sacramento, no qual "a graça santificante de Deus [é] comunicada à alma de quem o [recebe]", como aponta Woods (2005: 208) relembrando o expoente máximo do pensamento medieval, não terá mais este peso e nesse século XII, assim como no século XIII a Igreja acomodada, porque vencedora do conflito, vai de ora em diante ocupar-se em estruturar um eficiente sistema legal, o direito canónico. De facto, com a queda do Império Romano do Ocidente e a expansão das tribos germânicas pela Europa, desapareceu o direito, subsistindo apenas normas consuetudinárias transmitidas oralmente. Nesta medida, após ter levado a melhor na Querela das Investiduras, a Igreja pode dedicar-se à missão de restaurar a "ordem legal romana" (Woods, 2005:

211).

## 2.3) A reconciliação com o Papado – as Cruzadas (1096-1291)

Fig. 9 - *Rumo a ti, Jerusalém...* Conquista de Jerusalém pelos
Cruzados (1099)
(English-Online, 2013)

Tal como havia sido seu pai, também Heinrich V. (1086-1125) fora excomungado pelo Papa (na altura Gelásio II (1064?-1119)), isto antes de se encontrar o consenso da Concordata de Worms (1122). Não obstante esta circunstância, certo é que foi no seu reinado que o *Reich* cedeu à Igreja e assim se adquiriu uma certa paz entre o poder temporal e o poder espiritual.

Esta reconciliação, contudo, não assentou somente em pressupostos políticos e religiosos, mas assumiu contornos de natureza militar. E estes corresponderam directamente às Cruzadas, ou em alemão, *Kreuzfahren.*

Por volta do ano 1000, as peregrinações cristãs a Jerusalém aumentaram exponencialmente, isto porque no virar do milénio se esperava que Jesus Cristo estivesse prestes a regressar à Cidade Santa, cumprindo a promessa «*et iterum venturus est cum gloria*». Pois bem, Jerusalém, que havia sido tomada pelos turcos seldjúcidas em 1080 estava a tornar-se inacessível, pelas dificuldades impostas pelo recém-chegado povo invasor que sucedera aos Abássidas.

Dessa forma, o Papa Urbano II (1042-1099), em 1095, incita a unidade religiosa medieval europeia, ou seja, a Cristandade, a conquistar Jerusalém. Todavia, ele próprio não possui um braço secular para a tarefa: o *Kaiser* Heinrich IV., como se viu, estava excomungado, o Rei de França Philippe I também, e o Rei de Inglaterra Guilherme não reconhecia oficialmente o Papa... Restou-lhe, enfim, apelar directamente aos cristãos com vocação militar para que se mobilizassem sob o Sinal da Cruz e indicou como seu representante o bispo de Puy, Aldemar de Monteil. Reuniram-se quatro exércitos e paralelamente criou-se uma outra *cruzada popular* conduzida por Pedro, *o Eremita,* esta que veio a ser dizimada pelos turcos na Ásia Menor (Outubro 1096).

No entanto, os quatro exércitos de Cruzados tiveram sucesso e a 15 de Julho de 1099 conquistaram a Cidade Santa, capital do que viria a ser o Reino Latino de Jerusalém, Estado confederativo e feudal, vassalo da Santa Sé, pelo menos teoricamente, e que veio a durar até 1291.

O papel do *Reich* foi, como se vê, não de colocar o seu *Kaiser* a chefiar os exércitos, dado que, repetimos, estava excomungado, porém de engrossar as fileiras dos cruzados com notável, valente e brava cavalaria, proveniente das suas zonas com maior densidade populacional, nomeadamente a Flandres e a Lorena.

Com efeito, depois das invasões dos Normandos, Sarracenos,

Magiares e Eslavos do século X, eis que a Cristandade, e nela o *Reich,* teve a sua resposta militar.

E serão nove, as Cruzadas, quer para manter os territórios, quer para reconquistar aqueles tomados pela contra-ofensiva muçulmana:

1ª Cruzada 1096-1099

2ª Cruzada 1147- 1148

3ª Cruzada 1189-1192 (na qual tomaram parte Ricardo Coração de Leão e Friedrich I.)

4ª Cruzada 1202-1204 (a mando de Inocêncio III, mas que acabou a saquear Constantinopla)

5ª Cruzada 1217-1221 (com Leopold VI, Duque da Áustria e André II, Rei da Hungria – fracassada)

6ª Cruzada 1228- 1229 (participando Friedrich II. entra triunfalmente em Jerusalém)

7ª Cruzada 1248 – 1250 (Luís IX de França, respondendo ao apelo de Inocêncio IV)

8ª Cruzada 1270 (Luís IX)

9ª Cruzada 1271 – 1272 (Já o Reino Latino de Jerusalém era apenas uma pequena faixa entre Sidão e Acre)

Eis o trabalho militar-religioso, na convergência entre o *corpus mysticum* – a Igreja, e o *corpus politicum* – o *Reich*, juntos revelando a vitalidade da Cristandade.

## 2.4) *Drang nach Osten*: Ordem Teutónica (1190- ) e Liga Hanseática (1141- )

Com o intuito de combater os infiéis na empresa que acabámos de referir, da Igreja germinaram ordens monástico-militares (monges-soldados) com esse mesmo voto: em 1118 a Ordem dos Cavaleiros do Templo ou Templários, em 1120 a Ordem dos Hospitalários, e em 1190 a Ordem Teutónica.

A Ordem Teutónica, como é evidente, é aquela que mais interessa para este estudo. Fundada, então, em 1190 em Acre – quando se separou dos Hospitalários – a *Ordem de Santa Maria dos Teutónicos* escolheu o hábito branco com a cruz negra.

Fig.10 – Cavaleiros da Ordem Teutónica
(Teutonic Order, 2013)

Ainda antes de ruir o Reino Latino de Jerusalém, em 1291 como se declarou, a Ordem Teutónica foi convidada a exercer a sua actividade nas terras do *Reich* (1211) (Morgado, 2010: 16) e nelas fundaram inúmeras cidades, em territórios como a Transilvânia (Kronstadt e Hermannstadt) e a costa do Mar Báltico, onde ergueram o seu próprio Estado, convertendo os Eslavos ao Cristianismo e dizimando aqueles que se lhe oponham. Os Cavaleiros Teutónicos são, portanto, os autênticos e reconhecidos fundadores da Prússia, Prússia que geograficamente chegou a descer desde o golfo da Finlândia até Pommern, um Estado com origem no século XIII e que os Aliados suprimiriam *de iure* no ano de 1947.

Embora, em 1410, viesse a perder a Batalha de *Tannenberg* frente à coligação polaca-lituana, a Ordem Teutónica continuou a governar ferreamente a Prússia até 1525, altura em que o seu Grão-mestre se converteu ao Luteranismo, dando um golpe fatal na ordem instalada. Desses assuntos, porém, se cuidará posteriormente.

Contudo, não se pode deixar de salientar o facto de que a Ordem

Teutónica ainda hoje existe, estando sediada em Wien, num Palácio agradável onde é até possível ao viajante pernoitar. Visitá-lo é absolutamente essencial para compreender a História da Europa Central, uma vez que ali se guardam e se encerram as memórias das vitórias históricas e o sangue derramado pelos membros de tão antiga Ordem militar e religiosa.

Como se expõe, a Cristandade, imbuída no espírito guerreiro, lançou-se, subordinada ao Papa, Imperador e Reis nas Cruzadas.

Com efeito, a Reconquista Cristã da Península Ibérica, tida como *Cruzadas do Ocidente*, beneficiou deste contexto envolvente (Bogdan, 2002: 7). Efectivamente, por *Portugal* passavam, nas rotas marítimas, os Cruzados provenientes do Norte da Europa, na sua maioria "alemães e flamengos" (Daehnhardt, 2002: 26), que seguiam a caminho da Terra Santa para a libertar dos infiéis. Aliás, o próprio ataque a Jerusalém visava sobretudo, atacar o Islão bem dentro do seu espaço de expansão e, obrigando-o a recolher a força militar, retiraria da Europa. Neste aspecto, a retirada moura da Península Ibérica, especificamente no que toca à costa portuguesa, era fundamental para que os cruzados pudessem passar, entrar no Mediterrâneo e seguir viagem até à Terra Santa sem grandes perigos.

Dos cavaleiros Burgúndios ou Borgonheses, entre outros, que foram chamados à Península Ibérica para a tarefa de expulsar os mouros, conta-se D. Henrique, pai de D. Afonso Henriques, primeiro monarca e fundador do Reino de Portugal. Este nobre de sangue germânico ("e que ninguém diga que era francês" (Daehnhardt, 2005: 17)), irmão do próprio soberano da Borgonha, recebeu de seu sogro Afonso VI das Espanhas em 1096, o governo do Condado Portucalense (terras entre o sul do Douro e Braga) e o condado de Coimbra (compreendido entre essa cidade e Santarém, alargando-se para o interior até à Serra da Estrela). A Borgonha de onde o Conde D. Henrique era oriundo, explicite-se, não era uma *província francesa* (apenas o passou a ser a partir do século XVII), antes era um condado independente de origem germânica e subordinado ao Sacro Império Romano-Germânico (Daehnhardt, 2002: 26 e Daehnhardt, 2000: 21) – daqui mais um reforço da ligação entre

Portugal e a Nação Portuguesa com o que é hoje a Alemanha e as nações germânicas, neste caso a Borgonhesa.

Por conseguinte, Portugal construiu-se por acção de uma elite política e só depois o sentimento nacional se cristalizou, constituindo-se um processo «de cima para baixo» – e não «de baixo para cima», como fazem crer alguns.

"A acção das elites guerreiras autóctones do condado portucalense, de características célticas e germânicas que, unidas a nobres borgonheses e com um forte sentimentos de independência, começaram a expandir este mesmo condado de norte para sul" atestou Loução (2002: 101).

Com efeito, D. Afonso Henriques conseguiu do Papa Inocêncio II uma ordem que igualava a Reconquista Cristã à Conquista da Terra Santa aos Muçulmanos e assim se justifica o grande número de teutónicos que batalharam na conquista por Lisboa, ao lado de D. Afonso Henriques. Tendo caído em combate grande parte destes, o nosso Rei mandou erguer o Mosteiro de São Vicente de Fora "«sobre os corpos dos que tombaram combatendo»" (Daehnhardt, 2002: 28).

Escreveria depois Luís Vaz de Camões no Canto III, 86, d' *Os Lusíadas*:

*«Despois que foi por Rei alevantado,*
*Havendo poucos anos que reinava,*
*A cidade de Silves tem cercado,*
*Cujos campos o Bárbaro lavrava.*
*Em das valentes gentes ajudado*
*Da Germânica armada que passava,*
*De armas fortes e gente apercebida,*
*A recobrar Judeia já perdida.»*

Num outro registo, mas ainda sobre a Fundação da Nacionalidade, acrescente-se que D. Afonso Henriques, com o intuito de se libertar do Rei de Leão, entretanto e momentaneamente feito *Imperador da Hispânia*, ofereceu o Reino de Portugal à vassalagem directa ao Papa.

Enfim, por essa ajuda dos teutões, retomando, Camões incluiu-os n' *Os Lusíadas* e não pode, pois, causar admiração todos os privilégios que foram alcançando no nosso país: Vila Verde foi doada aos Francos (tribo germânica de Karl *der Große*) daí a designação de *Vila Verde dos Francos*; o primeiro bispo de Lisboa foi um cruzado nórdico [inglês] – D. Gilberto Hastings; e o primeiro bispo de Silves, depois da Reconquista, era de origem flamenga, outro cruzado, este oriundo de terras germânicas, que muito ajudara com os seus homens el-Rei D. Sancho I na conquista de Alvor e Silves.

Facto essencial em toda esta matéria, e que nos importa frisar, é que São Bernardo de Claraval pretendeu lutar contra as duas pontas de uma meia-lua que penetravam na Europa: uma pela Península Ibérica e outra pela Península Bizantina, como expôs Daehnhardt com clarividência. Assim se explicam a criação da Ordem Templária (ocidente) e da Ordem Teutónica (oriente) (Daehnhardt, 2005: 17-18). Quer a Germânia quer Portugal foram amassados no ideal da luta contra o Islão (igualmente contra o paganismo) e nesta saga nasceram a Prússia como feudo cristão, e o Reino de Portugal.

Volvendo ao *Drang nach Osten, id est,* à expansão germânica para Leste que a Ordem dos Cavaleiros Teutónicos concretizou, a Liga Hanseática "corporação de mercadores aventureiros" (Dawson, 1941: 36) encontra também, nesse processo, o seu lugar. Constituída por feitorias e depósitos nas cidades do litoral báltico e do norte que podemos observar na fig. 11, derivado deste seu poder político-económico, tornou-se uma autêntica potência militar e naval, capaz de fazer vergar Príncipes e Reis à sua vontade e às suas exigências.

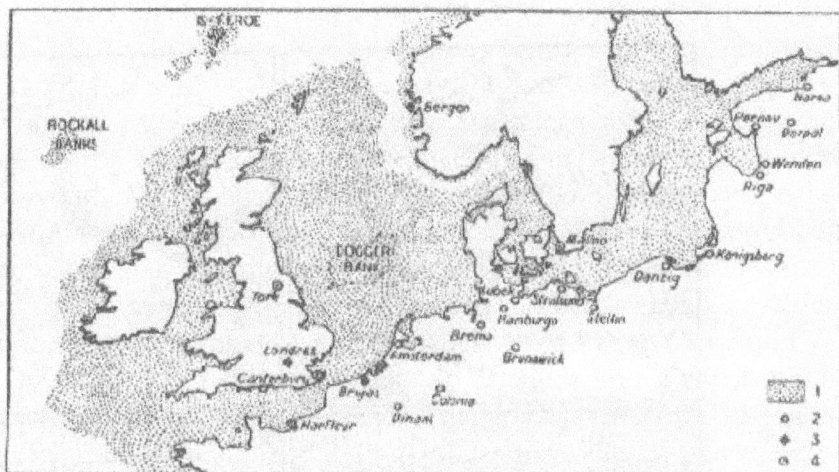

Fig.11 – A Liga Hanseática (Vives, 1961: 199)
Legenda: 1- grandes bancos de pesca; 2 – cidades
hanseáticas; 3 – principais feitorias hanseáticas no
estrangeiro; 4 – consulados hanseáticos

A Hansa Teutónica foi fundada em 1141 entre Hamburg e Lübeck,
alargando-se paulatinamente até atingir o número máximo de 90
cidades.

É contudo, na perspectiva da expansão para leste – *Drang nach
Osten* – que a trazemos à luz da análise.

De facto, na esteira da expansão da Ordem Teutónica e sua obra
de conquista, o fomento comercial e cultural levado a cabo pela Liga
Hanseática encontra um papel essencial. Relativamente a esta
expansão pela costa do Mar Báltico, esclareça-se que ". . .a Liga
Hanseática cooperou e constituiu um empório de cidades livres e
comerciais que canalizavam bens entre si e para sul" (Bessa e Graça,
2008: 23) de Riga a Antuérpia, ligando todo esse norte germânico,
possibilitando uma expansão evidente, o que Vilarinho (1974/5)
corrobora, explicando que expansão para leste foi iniciativa dos
duques, fomentada pela Liga Hanseática e, repita-se, pelas
conquistas da Ordem Teutónica.

Por nosso lado, Lisboa também esteve envolvida na Liga

Hanseática. De facto, é sabido que o sal proveniente das minas de Salzburg (Anon., 1963) descia o Reno por barco ou seguia transportado em carroças por via terrestre até ao Mar do Norte, a fim de salgar o peixe nas zonas costeiras, em especial o arenque. De qualquer maneira, era impreterível pagar-se imposto por direito de passagem em cada condado, principado, bispado, ducado, ou outro feudo – cerca de vinte pagamentos no total (Daehnhardt, 2002: 32). Como resultado, o sal tornava-se mais caro que o peixe, que não se salgava e que acabava por apodrecer, trazendo a fome.

Entretanto a Liga Hanseática resolveu-se a, perante a intransigência dos senhores feudais em reduzir ou suprir os seus impostos, enviar as "Kogges" hanseáticas ao Reino de Portugal, abastecendo-se nas salinas de Aveiro e Setúbal. O sal português passou, então, a salgar o peixe dos teutónicos e levou a que Portugal integrasse, com Lisboa e Porto, as cidades da Liga Hanseática e todas as vantagens que daí advieram, nomeadamente o adquirir de madeiras de qualidade não abundantes em Portugal, e até mesmo pez, necessários para a ulterior construção e calafetação das caravelas dos descobrimentos.

O declinar da Hansa Teutónica haveria de chegar em 1648, altura em que foi desmantelada pelos Tratados de Westephalia. Não obstante, ainda hoje: Bremen, Hamburg e Lübeck permanecem auto-denominadas de «*Cidades Hanseáticas*», desafiando a História e perpetuando no tempo essa outrora poderosa liga político-económica.

A talho de foice, deixa-se um lacónico quadro da organização económica medieval. Em primeiro lugar, denote-se que o sistema de trocas era muito reduzido, a economia assentava na produção rural e promovia-se a algo semelhante a uma *autarcia económica*. Entre os séculos IX e XI, efectivamente, o comércio quase desapareceu.

No entanto, os séculos XII e XIII testemunharam um grande desenvolvimento comercial: as cidades passaram a ser pólos dinamizadores da vida económica, surgiram as feiras, as cidades da Liga Hanseática, como se referiu, desenvolveram-se, assim como as cidades do Norte de Itália, cidades no Tirreno e no Adriático.

Contudo, toda esta actividade estava bem longe da economia capitalista, sendo a troca de mercadorias e produtos muito comum fora desse quadro. Aliás, no âmbito da economia política, o sistema que vigoraria seria corporativo que agrupava, como o nome indica, as diversas profissões em *corporações*, sem esquecer que a terra estava na posse dos senhores feudais e que os servos da gleba, sem permissão do seu senhor para a abandonar, estavam condenados a trabalhar nela, em geral, até à morte,. O sistema feudal apresentou-se de organização bastante complexa e de uma hierarquiza imperturbável, no qual o servo estava obrigado: à corveia (trabalho braçal nas terras do senhor certo número de dias por semana), à banalidade (pagamento pelo uso do forno, moinho, celeiro, etc. do senhor), à talha (entrega de parte da produção ao senhor), à taxa de justiça (para ser julgado em Tribunal dos Nobres) (Torres, 1966: 27), entre inúmeros outros impostos.

O século XIV veio agravar este sistema, trazendo o recuo, a flutuação da produção e para mais surgiu a Peste Negra – eis a crise generalizada. Apenas no século XV, com os Descobrimentos portugueses, a descoberta de novos países, um novo dinamismo económico, a situação se alteraria para melhor, alargando-se as trocas e comercializando-se novos produtos.

## 2.5) As fundações da Prússia

Como se constatou, a Prússia foi criada no século XIII, no ano de 1224 (Morgado, 2011c), por obra da Ordem dos Cavaleiros Teutónicos, através de um processo de conquista e cristianização, com a autorização do Imperador Friedrich II. e do Papa Honório III (1148-1227).

Será já uma perspectiva suficientemente sólida, mas não custa relembrar, "que os motivos de ordem religiosa jamais estão ausentes dos empreendimentos alemães na Europa central e oriental" (Heers, 1977: 181) e que "esta igreja alemã identifica, porém, quase sempre, a propagação da fé à extensão das fronteiras do Império" (Heers, 1977: 182). Em verdade, ". . .*l'Ordre Teutonique représentait une force au service de l'expansion germanique dans l'est de l'Europe, une armée idéale, fidèle à l'empereur et porteuse des valeurs de la culture allemande*" (Toomaspoeg, 2001 : 7).

Alimentada por este espírito e respondendo ao convite de Konrado I da Mazóvia, a Ordem Teutónica abandonou a Transilvânia e instalou-se nas terras do Báltico, o que foi absolutamente confirmado, sancionado e legitimado pelo *Kaiser* e pelo Papa, como se defendeu.

Deste modo, teve início a construção de um Estado Cristão – *Terra Mariana* (mais tarde subdivido na Confederação da Livónia) (Morgado, 2011c), que haveria de evoluir historicamente para: Ducado (Brandeburgo + Prússia), depois para Reino (Prússia) e por fim para Império (II *Reich*), por outras palavras, o que começou por ser uma Cruzada religiosa contra o paganismo, transformou-se, nas linhas da História e do alargamento geopolítico das fronteiras, numa dominação política real e efectiva e numa colonização agrícola, comercial e cultural.

A primeira capital da Prússia foi Marienburg, fundada em 1274, enquanto Königsberg – que virá mais tarde a ser a capital da Prússia Oriental – foi fundada ainda antes, em 1255, com a ajuda do Rei da Boémia (Agnew, 2004: 21) e daí as origens do nome [*Königs* + *Berg* – *a Montanha do Rei*].

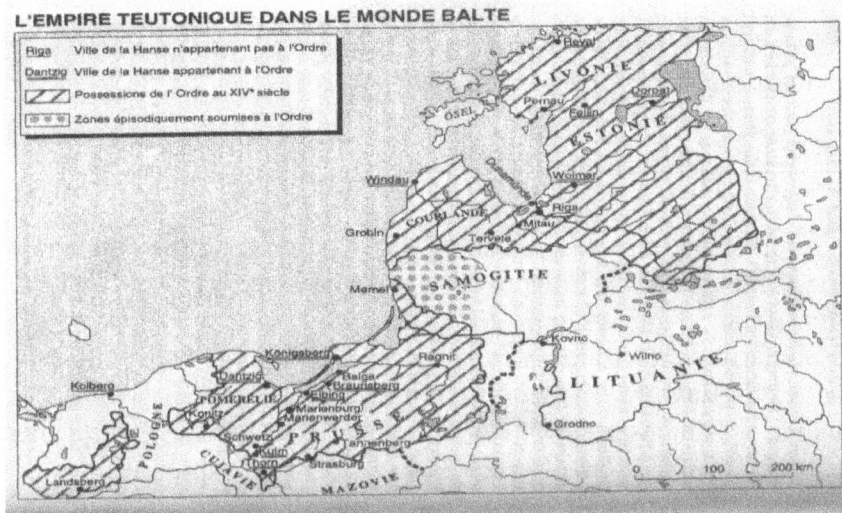

Fig.12 – O Estado Cristão da Prússia (Bogdan, 2003: 124)

Já em pleno século XV, Friedrich II. *Dente de Ferro,* Markgraf do Brandeburgo, haveria de fazer de Berlin a capital do seu feudo que se preparava para assumir um papel cada vez mais importante na História da Europa Central.

E de facto, são conhecidos os frutos da Prússia, os seus valores: a organização perfeita, o militarismo, a necessidade do sacrifício, o pragmatismo, a pontualidade, a obediência à autoridade e o valor do Estado como instituição.

Esta Prússia, Estado milenar que se descreve, forjada pela Ordem Teutónica como Estado Cristão, será extinta, como já se aludiu, pelos Aliados, e naturalmente para gáudio dos Russos que arrecadaram parte do território até hoje. Fica a memória e as palavras de Bogdan (2002: 151) referindo-se à invencibilidade da primeira capital da Prússia: ". . .*Marienburg ne tomba qu'en...1945 sous les coups del'Armée rouge*".

Como última nota à fundação da Prússia, merece especial menção o filme *Alexander Nevsky* do soviético Sergei Eisenstein. Ilustrando o ataque frustrado dos Cavaleiros Teutónicos ao principado ortodoxo e eslavo Novgorod, o filme teve o propósito de recordar os Russos

79

das intenções multisseculares germânicas de controlar aquela área das portas do *Heartland*, uma vez que, em 1938, a Alemanha estava, uma vez mais, às portas da Rússia.

## 2.6) Guelfos e Gibelinos

As lutas entre as facções dos Guelfos e dos Gibelinos iniciaram-se a partir do século XII, depois da morte de Heinrich V. ( 1086-1125), intensificando-se no século XIII.

Sumariamente tratou-se de um conflito entre os apoiantes dos duques da Baviera, *Welfisch* (guelfos) e os defensores dos duques da Suábia, Hohenstaufen (gibelinos). Enquanto os primeiros preconizavam a submissão do *Kaiser* ao Papa e impunham o poder universal da Igreja de Roma, os segundos entendiam a Igreja de Roma como um braço saído do Império e, por essa mesma razão, o Papa tinha de obedecer ao *Kaiser*, ou nos máximos da moderação, seriam de igual para igual.

Paulatinamente, as lutas no âmbito popular desligaram-se destas altas concepções políticas entre Império/Papado para se centrarem no assunto mais prático e comezinho do domínio das próprias cidades: cada uma daquelas tinha as duas facções que disputavam, por vezes violentamente, as posições de mando, como por exemplo a guelfa Firenza ou a gibelina Pisa.

Com a eleição de Friedrich I. triunfaria a facção gibelina. Contudo, com a queda da dinastia Hohenstaufen, com Friedrich II., grosso modo, seriam os Guelfos a levar a melhor.

## 2.7) Os Hohenstaufen

Na linha sucessória, depois do *Kaiser* Heinrich V. (reinado em que se resolveu a Querela das Investiduras) segue-se Lothar III. da dinastia Süpplinburger (1075-1137) (já que Lothar II. fora apenas Rei da Lotaríngia), soberano que se empenhou no fortalecimento militar e na prevalência do ducado da Saxónia, possessão aristocrática territorial que dominava efectivamente.

Contudo, é a dinastia que se lhe segue – Hohenstaufen – que o *Reich* se reveste novamente com uma capa brilhante e digna de nota. O início do reinado de Konrad III. (1093-1152) testemunhou as lutas entre os Guelfos e os Gibelinos nas disputas pelo trono imperial, não sendo particularmente notável todo o seu governo. Diga-se apenas que foi este *Kaiser* que assistiu, a partir do seu trono, à assinatura do Tratado de Zamora (5 de Outubro de 1143) que concedeu independência ao então pequeno Reino de Portugal.

Com Friedrich I. *Barbarossa* [Barba-Ruiva] (1122-1190) advém, efectivamente, uma das mais ilustres, intensas e heróicas figuras que ocuparam o milenar trono do Sacro Império Romano-Germânico. Dawson (1941: 27) não hesita em colocá-lo em linha directa com Karl *der Große*, uma vez que o estadista governou autocraticamente, fazendo frente à Santa Sé querendo impor-lhe o seu *Reich* como correspondente temporal, mas mantendo-se aliado dos bispos, forjando sólidos laços feudais com os príncipes da Germânia e mantendo uma vida social ordeira dentro das suas fronteiras. Foi um Imperador aclamado incessantemente pelos povos germânicos e ainda hoje goza de larga admiração por estes, sendo *de facto* um "orgulho germânico".

Ainda em relação às matérias político-religiosas, na perspectiva de Friedrich I. tinha sido a Igreja a instalar-se no Império e não o contrário – o que em certa medida é verdade, porque fora o Imperador Romano que se havia desfeito do título de *Pontifex Maximus* que passou para o Papa, sendo que conservou o título de *Imperatur Augustus* para si próprio (*vide* Imperador Constantino e Édito de Milão). Por isso, Frederico Barba-Ruiva entendeu que deveria intervir na Igreja e, entre outras coisas, arrancou do Papa a canonização de Karl *der Große*.

Todavia, a noção essencial a reter nestes domínios político-religiosos é a ideia fulcral de que, para os Gibelinos, era o Império que tinha a função de manter a Cristandade unida até ao fim dos tempos, ou seja, até à segunda vinda de Jesus Cristo à Terra. Se não se compreender este facto, elemento metafísico e escatológico essencial, não se compreende a essência mais etérea do Sacro

Império Romano-Germânico e do papel do *Kaiser*, sobremaneira do *Kaiser* Frederico Barba-Ruiva. E, frise-se, claro está, que este cesaro-papismo não agradava em nada à Igreja Romana.

Um outro objectivo político de Friedrich I. era a anexação de toda a Itália à Germânia (Čornej e Pokorný, 2003: 14). Como é tido, grande parte do Norte de Itália foi território para a extensão natural do *Reich* (Trevelyan, 1941), com base cultural e fronteiras transhistóricas. Todavia, o *Kaiser* acalentou a meta político-militar de agregar às suas possessões toda a península itálica e para isso realizou cinco campanhas para a invadir, a última das quais terminando numa pesada derrota dos exércitos imperiais em *Legnano* (1176). É na base deste acontecimento, aproveitando, portanto a fragilidade do Império, que o Papa Alexandre III convoca o XI Concílio Ecuménico (1179) e estabelece que o Papa é eleito apenas pelo Colégio Cardinalício (Pierrard, 2002: 142), pondo assim fim à prerrogativa imperial que vinha deste Otto I. de intervenção do braço temporal na escolha da cabeça do poder espiritual. E assim o é até aos nossos dias.

Ignorando esta fragilidade, todo o reinado de Friedrich I. constituiu mais um foco de luz em plena Idade Média e foi seguindo o valente e nobre apelo das Cruzadas que o Imperador da Ruiva Barba abandonou o seu trono, deixando a regência para seu filho, Heinrich VI., e partiu rumo a Jerusalém que jamais chegaria a ver, pois morreu afogado em Saleph no ano de 1190.

Quando se veio a saber no *Reich* que o magnânimo Barba Ruiva tinha perecido, ninguém acreditou e todos esperaram que o Soberano regressasse do Oriente, à frente do galante exército imperial. E foi assim que nasceu a lenda que canta que o Imperador Friedrich I. repousará com os seus corajosos cavaleiros nas montanhas *Kyffhäuser* na Turíngia, e que aparecerá para defender o *Reich* com a sua espada da justiça, quando o Império Germânico disso tiver necessidade. E ainda hoje lá estará...

Com efeito, o mito, parte integrante das nações, *um nada que é tudo* como identificou Fernando Pessoa (1888-1935) encontra aqui o seu lugar: a lenda germânica do

> "Imperador adormecido numa gruta da Turíngia e que não acordará senão para proclamar o *Reich* dos 1000 anos estabelecido em toda a Europa, e a superioridade da Alemanha [*Germânia*] sobre todos os outros povos do Mundo, por vontade de Deus (*Gott mit uns*)" (Angebert, 1973: 38) [...] **Então, o Reich que durará mil anos cobrirá toda a Europa** (Angebert, 1973: 152).

A História da Germânia segue, então, com o filho de Friedrich I., Heinrich VI. (1165-1197) mas perderá o seu brilho até um novo ciclo de poder hegemónico, com Karl IV. Embora o Imperador Henrich VI., no âmbito da *Monarchia Universalis* e do *Dominium Mundi,* tenha tentado obter a "vassalagem de todos os Soberanos do Ocidente" (Heers, 1977: 131) o facto é que com a sua morte e tornando-se Rei da Germânia seu irmão, Philipe von Schwaben (1176-1208), tudo se suspende.

Aliás, a conjuntura agravar-se-á ainda mais quando, em 1209, Otto IV. (1177-1218) (*Welf*) se sentou no trono Imperial, apoiado pelo Papa Inocêncio III (facho da *teocracia papal*). Efectivamente, o Romano Pontífice, aproveitando este ciclo de depressão do poder do Sacro Império Romano-Germânico, decreta (1202) o seu direito de decisão entre os candidatos ao trono imperial, instaurando a "soberania universal da Santa Sé" (Chaliand, 1993:42). Assim – com um protegido seu a governar o *Reich* – o Papa dispõe livremente dele, sem ter obstáculo, e quando surgem problemas depõe aquele que tinha coroado, sem grandes cautelas. Por outro lado, astuciosamente, o *Pontifex Maximus* conservava o pequeno Friedrich II. (1194-1250), na altura com 2 anos, sob a sua alçada e mandou-o educar de acordo com as suas ideias.

Porém, o *Kaiser* Friedrich II., neto de sangue de Frederico Barba-

Ruiva, tinha poucas ideias de se submeter à Igreja de Roma. Culto e original – falava nove línguas e escrevia em sete – patrono das artes e das ciências, Friedrich II. tinha em mente impor-se sobre a Igreja e com isso, alcançar a supremacia do Império sobre o Papado. E foi esta meta que lhe valeu uma dupla excomunhão e o rótulo de Anti-Cristo – notoriamente um exagero do Papa Gregório IX (1160-1241).

Instalando a sua corte em Palermo, o *Kaiser* só visitou as terras da Germânia na Europa Central uma única vez, delegando nos príncipes germânicos o poder para governar de acordo com a sua vontade, o que logica e previsivelmente iria dar origem a uma anarquia sem igual e transformaria o *Reich* num mosaico de autoridades independentes.

Este monarca que Schulze (2001: 20) descreve como "um príncipe do Renascimento *avant la lettre* e de tamanho gigantesco – aspirava a ser um novo Constantino, arauto de um dourado império de paz." Realmente trouxe alguma luz, não obstante, efémera.

Como se explica, aquele *Kaiser* minou a autoridade imperial que tanto os grandes Imperadores, seus antecessores, se empenharam em forjar e cimentar (de Karl *der Große* a Heinrich III., passando por Otto *der Große*), e se teve o mérito de reconquistar Jerusalém por tratado e manobras diplomáticas, logo se perdeu a cidade para os infiéis de novo. Com efeito, e perante a Igreja, o *Reich* ficaria enfraquecido para sempre.

Com ele desapareceria também a dignidade imperial para a dinastia Hohenstaufen que se extinguiu, pois os seus dois filhos, Heinrich *VII.* (1211-1242) e Konrad IV. (1228-1254) não ostentariam a coroa imperial nas suas frontes. Instalar-se-ia, enfim, o Grande Interregno, "a terrível época sem Imperador".

Por seu lado, esta desordem e confusão no *Reich* foi, do mesmo modo, acompanhada pela balbúrdia na Santa Sé: o Papado caíra num jogo de facções e comprava-se e vendia-se indecorosamente protecções eclesiásticas. O Grande Cisma do Ocidente será o culminar destas crises, e a Igreja haveria apenas de se disciplinar na Contra-Reforma. Contudo e apesar destes defeitos e dificuldades, é a

Igreja que se apresenta no sustentáculo incontestável de poder, sobremaneira do poder político. O braço do *Kaiser* não era omnipresente, mas a Santa Sé estava em todo o lado e controlava todos os aspectos da vida quotidiana: desde o calendário das festas ao regramento da vida familiar. Todos na Cristandade, desde o *Kaiser* ao Servo da Gleba faziam parte dela.

E é este pilar de autoridade e de ordem que, de facto, unia homogeneamente a Cristandade, construção esta que o protestantismo viria a destruir, sem substituir por coisa nenhuma. Apenas no século XVIII advirá uma ideia que trará alguma coesão à Europa, mas jamais terá a força da Cristandade – e essa, é a ideia de *Civilização* que, em particular, pouco diz à Germânia *esse in*, pois como se referiu na introdução destas páginas, pela letra de Thomas Mann: "ser germânico é *cultura* e não *civilização*".

Findando o século XIII, importa ainda mencionar uma outra família de elevada importância no corpo aristocrático germânico – os Wittelsbacher, nevrálgica dinastia da terras da Baviera – e não apenas, pois chegaram também a governar o Franco-Condado ou o Palatinado do Reno (região de vastas possessões na Renânia) e que tinha o privilégio de voto na eleição do *Kaiser*. Por outro lado, esta Casa chegou mesmo ao trono do Sacro Império Romano-Germânico por duas vezes: com Ludwig IV. (século XIV) e Karl VII (século XVIII).

Esta dinastia notável, não pode ficar aqui olvidada, uma vez que começou a governar as suas terras (mais ou menos latas, conforme o período da História e a sua fidelidade ou conflitos com o Imperador) no ano de 1180 e assim continuou ininterruptamente até 1918, quando o Rei Ludwig III. da Baviera abdicou do trono. Eis os 7 séculos de política que justificam a sua menção nos âmbitos da Germânia.

E aquele rosto oitocentista airoso que ficou conhecido como a Imperatriz *Sissi* que, recorde-se, foi um membro desta família.

## 2.8) O Grande Interregno (1254-1273)

Como se ventilou, a partir de Friedrich II. que minara a autoridade imperial pela descentralização do poder, e os subsequentes reinados estéreis e confusos de seus dois filhos que se lhe seguiram, o *Regnum Teutonicum* recebe no seu trono o primeiro soberano do que virá a ser a longa dinastia Habsburger (finda em 1918) – esse monarca é Rudolph I. (1218-1291), Rei da Germânia.

Contudo, entre esta mudança de dinastias, ou seja, entre os anos de 1254 e 1273, ocorre um período designado de o Grande Interregno, um período histórico em que a aristocracia germânica não se entendeu para a eleição comum de um soberano.

Por seu lado, e justificada pela sua durabilidade, é essencial passar um olhar sobre a dinastia Habsburger que rompe com esta instabilidade do trono. Trata-se de uma dinastia oriunda do Castelo *Habichtsburg,* (que significa o *Castelo do Falcão*) erguido no século XI, no actual território da Suíça.

Rudolph I. primeiro Rei Germânico da dinastia Habsburger, eleito por acordo da aristocracia germânica, foi apoiado inequivocamente pelo chefe da casa de Hohenzollern, dinastia esta, como reviravolta da História, que em pleno século XIX iria tratar de separar a Germânia por meio de uma linha horizontal entre uma construção imperial alemã e uma construção imperial [multinacional] *austríaca,* confinando os Habsburg à Germânia *Meridional* – ao que viria a designar-se por Império Austro–Húngaro.

Por ora, em pleno século XIII, a dinastia Habsburger inicia-se no governo da Germânia *tout court* e Rudolph I., abdicando do conceito de *Monarchia Universalis* e da conquista da Itália – que deixou nas mãos do Romano Pontífice – ocupou-se laboriosamente dos assuntos mais terrenos da solidificação da autoridade central e de conquistas territoriais no actual espaço da Áustria e Eslovénia que uniu à Suábia.

Note-se que este é o século de *Das Niebelungenlied* [A Canção dos Niebelungos], escrita em alto médio alemão, uma composição épica que narra as façanhas dos povos bárbaros, especial atenção aos burgúndios e as suas lutas contra os Hunos.

Na linha real, segue-se Adolf von Nassau (1250-1298), filho do Conde Waltran von Nassau. Eleito Rei da Germânia por uma nobreza que queria um soberano débil e fraco, este monarca, nesse mesmo sentido, pouca influência teve. De resto, talvez na sua única demonstração de poder, reclamou direitos sobre os territórios da Turíngia, o que lhe valeu a Batalha de *Göllheim*, na qual acabou por perder a própria vida, pelas mãos de Albrecht I. de Habsburg (1255-1308), filho de Rudolph I., que o odiava e nunca lhe havia perdoado ter sido eleito pela Dieta de Frankfurt, em detrimento de si próprio. Assim, com a morte de Adolf von Nassau, Albrecht I. pode suceder-lhe como Rei da Germânia.

Efectivamente, este segundo monarca da casa de Habsburg ensaiou que a coroa imperial permanecesse na sua família. Porém a tradição germânica da eleição levou a melhor e a *mui* vigorosa dinastia Luxemburger deu continuidade à linha de sucessão Imperial do *Reich* (Haenens e Philippart, 1999).

Não se avançará, contudo, sem antes aludir ao surgimento de um país neste século XIV: a Suíça.

Fig. 13 – Mapa do *Reich* no século XIII
(Euratlas, 2012 (adaptado))

## 2.9) A fundação da Suíça

O actual território da Suíça fora conquistado pelos francos aos Alamanos, cristianizado e nele introduzido um "sistema germânico de clã" combinado "com a tradição romana administrativa" (Sebastião, 2005: 43) ou seja, criou-se, desde logo, naquele território a já sobejamente apelidada mescla política e cultural *romano-germânica*, integrada politica e geograficamente no *Reich*.

Não obstante esta integração, no século XIII, sob os domínios dos Habsburg, desponta a ânsia de se desviar das obrigações imperiais e aliada ao poderoso factor geográfico dos territórios montanhosos e de difícil acesso, forja-se uma a aliança entre pequenas comunidades para uma liga de defesa contra o poder imperial. Os *Waldstätten*, *id est*, os cantões embrionários de Uri, Schwyz e Unterwalden não "tinham perspectivas de fundar um Estado" (Sebastião, 2005: 48), mas facto é que em finais do século XIV nasce um país alicerçado no poder da burguesia que começa a despontar, ocupando um vazio de poder criado pela ausência de uma aristocracia forte que tomasse o poder permanentemente e com a necessária vitalidade. Estaria pois plantada a semente naquele país que viria, mais tarde, a adoptar as concepções do protestantismo, sem ficarem anuladas, *stricto sensu*, algumas áreas predominantemente católicas que sobreviveram até à actualidade (Kümmerly *et al*, 2004: 16).

## 2.10) A Bula Dourada de Karl IV.

Heinrich VII. (1274-1313) primeiro monarca da Casa de Luxemburg, foi coroado Imperador em 1312, o que não acontecia desde Friedrich II. que recebera a Coroa Imperial das mãos do Papa em 1220, isto é, 92 anos antes.

Restabelecida, então, a figura coroada do *Kaiser*, *esse in*, um feito notável, este soberano de valor preconizou restaurar a glória do Sacro Império Romano-Germânico, enfrentar a França que começava com intuitos de expansionismo e voltar a impor o seu poderio em Itália, o que lhe valeu rasgados elogios de Dante Alighieri (1265-1321) na sua *Divina Comédia*.

Depois da morte do Imperador, Ludwig (1283-1347) da Casa de Wittelsbach, e Friedrich, conde de Habsburg, pretendentes ao trono do Império, enfrentaram-se mutuamente na Batalha de *Mühldorf* (1322), saindo o primeiro, vencedor.

Com Ludwig IV., a coroa imperial viria a encontrar outro

monarca capaz. Enfrentando o Papa com agressividade, o governante procurou exercer autoridade sobre os territórios italianos, o que lhe valeu uma excomunhão que desencadeou a deposição do próprio Papa, João XXII, e a substituição pelo anti-Papa Nicolau V (1260-1333). Conflituoso, sofreu o golpe derradeiro da aristocracia germânica que, em 1346, retirando-lhe o apoio, elegeu Karl IV. (1316-1378) da Casa de Luxemburg como Rei da Germânia. O Imperador, furioso, preparou-se para a guerra e a defesa do trono, trono este que lhe havia de escapar pela chegada da sua morte no ano seguinte, em 1347, que evitou mais disputas e traçou definitivamente o caminho para que Karl IV. ostentasse a coroa do *Reich* (1355). Ludwig IV. seria enterrado na *Frauenkirche*, em München, onde ainda hoje repousa num admirável túmulo que sobreviveu aos bombardeamentos dos Aliados na II Guerra Mundial.

Imperador muito esclarecido, Karl IV. constituiu-se num destacado e brilhante estadista (Čornej e Pokorný, 2003: 19-21): concebeu novas jóias da Coroa da Boémia, fez da Praga gótica a capital do *Reich* e elevou-a como *Nova Roma* e *Nova Jerusalém*, ali criou a primeira Universidade da Europa Central (1348) – Universidade que continua a guardar o seu nome – e casou o seu filho Sigismund I. com a filha do Rei da Hungria, incentivando a expansão para leste, globalmente renunciando à Itália. No entanto, seria a Bula Dourada (1356) um dos principais contributos do *Kaiser* para a organização política do *Reich*.

A Bula Dourada materializou-se num documento imperial que decretou e fixou um número exacto de prelados e aristocratas com direito de voto para a eleição do Imperador. Os eleitores seriam, de ora em diante, sete: os arcebispos de Mainz, Trier e Köln, o Conde-Palatino do Reno, o Duque da Saxónia, o Rei da Boémia e o Margrave do Brandeburgo. Estabeleceu-se que o *Kaiser* deixaria de ser coroado pelo Papa e passaria a sê-lo pelo Arcebispo de Köln (Vilarinho, 1974/5: 20), dispensando-se, desta forma, a ida a Roma e, dessa forma, impossibilitando o Papa de intervir nas questões do *Reich*.

É a afirmação *quasi* completa de um Império Germânico

depurado de influências externas: "a Bula de Ouro de 1356 fizera do Imperador um soberano alemão [*germânico*]. . ." (Pierrard, 2002:197).

Não se pode referir *a Praga* de Karl IV. sem se abordar o estilo gótico, bem ao gosto da época. Este estilo, conjuntamente, tão próprio da Germânia – aliás o termo *gótico* apela a *godo* (*visigodos* e *ostrogodos*, sabidas tribos germânicas) – compatibiliza-se na sua dimensão de atracção pela morte, simbiose perfeita da religião com a arte, denotando o verticalismo, as janelas rasgadas, os arcos cruzados, as ogivas, os arcobotantes e as imponentes torres, as esculturas profusamente talhadas, a geometria rigorosa, as arrepiantes gárgulas que lembram o ser humano da presença incessante do mal. E chegou até aos nossos dias a belíssima Catedral de S. Vitus, construção iniciada em 1344, um dos mais belos exemplos daquela corrente artística – na esteira de outras catedrais góticas como: Madgdeburg (iniciada em 1209), Köln (iniciada em 1248) e Wien (iniciada em 1304) – sem prejuízo da metade ocidental do monumento ter sido construído bem mais tarde, sendo por isso neo-gótico...

Wenzel von Luxemburg (1361-1419) filho mais velho de Karl IV. seria, em sequência, coroado Rei da Germânia (1376). Porém, retirando-se, não cuidava dos assuntos do *Reich*. Pressionado pela aristocracia, entregou a regência a seu irmão, Sigismund e partiu para França, a fim de intervir no Grande Cisma do Ocidente. Deposto, assim, pelos nobres, no ano de 1400, seguiu-se imediatamente a eleição de Ruprecht I. von der Pfalz (1352- 1410) como Rei Germânico, o eleitor do Palatinado da dinastia Wittelsbacher. Contudo, derrotado em batalha pelos milaneses quando se dirigia a Roma, não chegou portanto a ser coroado Imperador e, fragilizado, recolheu-se.

Sucedeu-se Sigismund I. von Luxemburg (1368-1437), filho de Karl IV., que tomou as rédeas do poder e foi eleito Rei Germânico em 1411 e coroado *Kaiser* em 1433.

Em termos religiosos, durante o seu governo, Jan Huss (1369-1415), famoso reformador *proto-protestante*, começara a pregar as suas doutrinas heréticas o que o levou à fogueira em 1415. E nem mesmo a protecção do povo de Praga lhe valeu, pois o *Kaiser* certamente intuiu em Huss um perigo na quebra de unidade política e religiosa da Cristandade, problemas vastos e periclitantes que acabariam por chegar mais tarde com Luther. Com efeito, o povo da Boémia, ainda relativamente pouco germanizado, cultivava um certo ressentimento para com os povos germânicos – o que entra em contradição com o apego ao *Kaiser* germânico Karl IV. – e à Santa Sé, por extensão religiosa. A condenação de Huss, por seu lado, seria a chave para a aceitação do *Kaiser* no Reino da Boémia e a coerente solidificação do trono simultaneamente imperial e real.

Sigismund I. foi também um paladino na luta contra os Otomanos que invadiam a Península Bizantina. Enquanto Rei da Hungria empreendeu lutas contra os infiéis, porém os seus exércitos foram derrotados em Nicópolis, na fatídica data de 1396. Fundador da pouco conhecida *Ordem do Dragão* – à qual pertenceu Vlad Tepes da Valáquia, romanceado como *Drácula* (que, de facto, tinha o hábito de empalar turcos e beber o seu sangue) – o *Kaiser* revelou-se num bastião do Cristianismo e fez-se como uma muralha para impedir que os turcos Otomanos continuassem a avançar pela Europa adentro.

Com o *Kaiser* Sigismund I. finda a dinastia Luxemburger e começa a longa época dos Habsburg. De facto, à excepção dos 3 anos do reinado de Karl VII., em pleno século XVIII, as dinastias da Germânia setentrional e central não mais ocupariam o trono imperial, monopolizado então por aquela Casa aristocrática até ao fim do Sacro Império Romano-Germânico, no ano de 1806.

# Capítulo 3) A transformação do *Reich*: o fim da *Monarchia Universalis* e a quebra da Unidade

## 3.1) Crepúsculo da Idade Média

A viragem do século XIV para o século XV apresenta os indícios da mudança social, política, cultural e económica, entre outras, do paradigma medieval para o renascentista.

Uma questão bastante importante dos finais da Idade Média foi a degradação da Cavalaria. A época resplandecente das Cruzadas e das conquistas militares desvanecera-se e as lutas, a corrupção e a estagnação e falta de horizontes instalaram-se. O feudalismo estava a desmoronar-se e desta dinâmica advieram os abusos dos *cavaleiros-ladrões* que já não conheciam a moralidade, nem a lei. Os aldeões, ou vilões, viviam sob o terror indiscriminado destes senhores da matança, pilhagem ou violações. Destruíam searas, roubavam o gado. Embora as cidades, fomentadas por Heinrich I. *O Passarinheiro*, como se constatou, fornecessem maior protecção – e muitas delas eram governadas pelo próprio Imperador – um grande número não ficaria isento de destruição.

É nesta linha que o Renascimento viria a trazer melhorias, embora numa linha filosófica antropomórfica pouco convincente.

De outra perspectiva, os anos de 1340-1370 são também anos terríveis, os anos da Peste Negra. As populações medievais da Germânia, e do resto da Europa, foram tomadas pelo misticismo e mesmo por práticas supersticiosas e mágicas, pois encaravam a peste como um castigo divino. É o tempo dos *flagelantes*, grupos de penitentes que se chicoteiam em plena praça pública, fomentavam as danças, os cantos e os êxtases místicos. Suscitavam confusões e desordens, dado que a incompreensão da totalidade dos fenómenos da doença levava à canalização de ódios para com os estrangeiros, os não-cristãos, em especialmente os Judeus, tidos como grandes responsáveis pela desgraça – e assim se dava a justificação para intensos *pogroms* e massacres de que resultavam mortos em elevado número (Gaile, 1991).

93

No ponto oposto desta realidade brutal, e recuando um pouco, ainda se encontram tempos de rica e preciosa literatura, em que os *Minnesänger* [menestréis] e trovadores cantavam pela Germânia os feitos de cavalaria e o amor às mulheres. Do século XIII, brotou também, repita-se, a Canção dos Niebelungos que Wagner, 600 anos depois, viria a transformar na conhecida e espectacular saga de óperas.

Wolfram von Eschenbach (1170 (?)-1220 (?)) será talvez o nome maior dos trovadores germânicos da Idade Média – a sua obra poética *Parzival* é possivelmente um dos documentos mais importantes para a reflexão espiritual, pois baseando-se na virtude da compaixão trilham-se os caminhos na direcção do Graal.

Descreve-se, então, uma época de viagens em que não só os menestréis, mas também: monges, professores, jograis, mercadores circulavam pela Europa, difundido cultura e conhecimento, mas também criando riqueza. De facto, saliente-se os mercadores que, para além de serem o embrião da classe social que viria a ser chamada de *burguesia*, ajudaram, efectivamente, a transformar a estrutura económica e social da Europa, dentro da lógica da moralidade cristã, naturalmente.

Por outro lado, Woods (2005: 71), no sentido das universidades como pólos dinamizadores do conhecimento classificadas "como grandes jóias da civilização cristã", relembra a importância da Igreja Católica e alerta para o facto de que a Universidade foi um fenómeno criado pela Igreja de Roma, e um espaço específico que os próprios Gregos e Romanos clássicos desconheciam (2005: 53). O mesmo autor (2005: 62), nesse sentido do impulso da Santa Sé sobre o conhecimento, descreve-nos ainda o momento em que o estudante francês recebe o seu grau de licenciatura pelo vice-chanceler:

*"Pela autoridade que me foi concedida pelos apóstolos Pedro e Paulo, eu te concedo licença para ensinar, ler, discutir e decidir, bem como para realizar outros actos escolásticos e magistrais, quer na faculdade das artes de Paris, quer noutras faculdades, em nome do Pai, do Filho e do Espírito Santo. Ámen."*

Portanto, e deste rasgo se conclui que, sem Igreja Romana não teria havido, primeiro, preservação, e depois proliferação do saber.

## 3.2) Maximilian I. e a reforma política do Império

Retomando a linha dos Imperadores Germânicos, já se ventilou como se iniciou a dinastia Habsburger. Portanto, depois de Albrecht II. (1397-1439) Rei da Germânia, seguiu-se Friedrich III. (1415-1493) que ocupará as próximas linhas.

Todavia, não se prosseguirá sem antes reflectir sobre um fenómeno já tratado e de enorme importância geopolítica, também ele ligado à Casa de Habsburg.

Efectivamente, o Sacro Império Romano-Germânico presenciava, por essa época, o avanço dos turcos pela Península Bizantina (fig. 14). Perante esta realidade, a aristocracia germânica, sabendo que o Ducado da Áustria e demais possessões se encontravam sob o domínio patrimonial da Casa de Habsburg, então, pela *posição* [*Lage*] geográfica dessas terras, faria todo o sentido entregar a Coroa Imperial aos Habsburg pois isso significaria, mais do que a defesa do património familiar, a garantia da defesa de todo o *Reich*. O xadrez foi aplicado irrepreensivelmente: a Áustria, bastião do cristianismo (e ainda hoje um baluarte do catolicismo) tornou-se num centro inexpugnável para os Otomanos. E, para mais, a meta dos Habsburg em fazer crescer as suas extensões territoriais familiares trouxe, como factor colateral o engrandecimento do *Reich*.

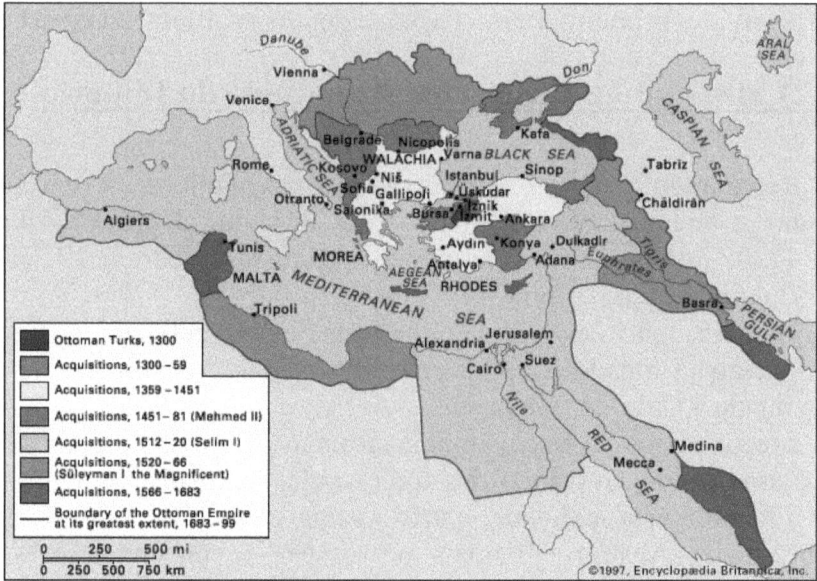

Fig. 14 – O Império Otomano (Pavlidis, 2012)

Com efeito, é nesta linha de raciocínio que se inscreve a política e a divisa de Friedrich III. – AEIOU *Austriæ Est Imperare Orbi Universo – Cabe à Áustria Imperar em Toda a Terra.*

Este *Kaiser*, última cabeça coroada pelo Papa em Roma, casou nessa mesma altura (Março de 1452) com D. Leonor, filha d'el-Rei D. Duarte de Portugal.

Estas bodas, para além de significarem um desafogo financeiro para o *Kaiser*, uma vez que a Princesa Portuguesa levava um dote considerável, justificaram-se pela relevância crescente que o Reino de Portugal capitalizava no Mundo, pois já se havia recebido carta-branca do Papa Nicolau V (1397-1455) para a conquista das Terras dos Descobrimentos e Expansão da Fé (*Grande Estratégia* da Expansão). O nosso país preparava-se, então, para uma época de alta glória e riqueza, constituindo-se no primeiro poder Talassocrático Mundial.

Prosseguindo, o governo do *Kaiser* Friedrich III. ficou marcado pelo adiamento das reformas políticas do Império, que seriam levadas a cabo por seu filho. Senhor de cerca de 10 milhões de súbditos (Schulze, 2005: 41), este estadista preocupou-se sobremaneira em solidificar os seus territórios na Grande Áustria, tendo perdido as coroas da Boémia e da Hungria. Não foi, de todo, um estadista de grande relevo, não obstante a sua divisa galvanizadora.

A meio da época de Friedrich III., relembre-se, ocorreu um terrível evento para a Cristandade, se bem que lhe tenha sido prestada pouca atenção na época: no ano de 1453 os turcos Otomanos conquistam Constantinopla – e assim caiu o Império Romano do Oriente que durara mais de 1000 anos. O ano de 1453 é, assim, e de generalizado acordo para os Historiadores, a data do "fim" da Idade Média (que "começara" em 476 com a queda do Império Romano do Ocidente) e o subsequente início da Idade Moderna.

Quanto às relações luso-germânicas que têm vindo a ser aludidas, conheceram por estes anos um novo fôlego: na conquista de Ceuta (1415) muitos germânicos houve ao lado dos portugueses, entre os quais se contam: Oswald von Wolkenstein (1377-1445) e Jacobus Swevus. Jörg von Ehingen (1428-1508), por seu lado, haveria de ajudar os portugueses no Norte de África, mais tarde. E entre os que ficaram em Ceuta, para ajudar na defesa da cidade, contam-se Gregorio Ramseidner, inventor do seguinte estratagema de defesa: enchiam-se potes de barro mal cozidos com cal e com pequenos ferrinhos triangulares que, ao caírem, ficavam sempre com um bico para cima, depois atiravam-se esses potes de cima das muralhas contra os mouros e o barro, ao partir-se, soltava a cal em poeiras que queimavam os olhos ao inimigo e, automaticamente, não os deixando ver o caminho, rapidamente levava a que pisassem os ferros que se lhes espetavam nos pés descalços ou mal calçados (Daehnhardt, 2010).

Não podemos também esquecer os números: havia centenas de germânicos a viver no Reino de Portugal no tempo do Infante D. Henrique, um número que ultrapassou o milhar no reinado de D. Manuel e os milhares no reinado de D. Sebastião (Daehnhardt, 2002: 37).

Regressando ao trono do *Reich*, a Friedrich III. sucedeu o seu filho Maximilian I. (1459-1519) casado com Maria de Borgonha, por sua vez filha do conhecido Carlos, *o Temerário*, Duque da Borgonha. Por conseguinte, o *Kaiser*, por meio desse casamento, apoderou-se de todas as vastas áreas que correspondiam ao Ducado da Borgonha. De denotar ainda que Carlos *o Temerário* era filho de D. Isabel de Portugal, (consorte de Philipp III., Duque da Borgonha) e por isso, neto d'el-Rei Rei D. João I. Como é explícito, a Casa de Avis e as Casas aristocráticas germânicas uniram-se largamente.

No âmbito político, em pleno século XV, a aristocracia e as elites germânicas começaram a clamar por uma reforma na estrutura das instituições do *Reich*. Como se tem vindo a colocar tónica, a noção essencial que preside aos mil anos da construção política germânica de que se trata, constitui a ideia fundamental de ligação do Estado (*Reich*) à Igreja e à manutenção da Cristandade até à vinda do *Fim dos Tempos*. É segundo esta forma de pensamento que se compreende que, em 1512, na cidade de Köln, se tenha proclamado solenemente a designação oficial do *Reich* que a História piamente registou: *Sacro Império Romano-Germânico*. Como se torna claro, esta linha política retoma a crença na superioridade do Imperador sobre demais nobres e na universalidade do seu poder. Além do mais, os pensadores germânicos do século XV, entre outros, Jakob Wimpfeling (1450-1528), exaltaram a superioridade germânica face a outros, nomeadamente face aos franceses que nunca tinham conseguido alcançar a púrpura imperial. Desta forma, o argumento de que a base da monarquia francesa se encontra em Karl *der Große* poderia ser considerado um disparate. E a somar a tudo isto, subsiste o problema da Alsácia-Lorena.

Importa sublinhar que as *Nações Germânicas* que aqui se abordam não o são no sentido actual da totalidade de todos os indivíduos com afinidades geográfico-culturais (ou seja, o conceito que brotou da Revolução Francesa). Os termos *Nações Germânicas* neste caso particular, representam apenas a aristocracia germânica, ou nas palavras de Schulze (2005: 45): ". . .*la comunidad politicamente activa de los principes alemanes*. . .", isto é, o braço do Estado do exercício do poder político (essencialmente a Nobreza e alguns elementos do Clero). Antiteticamente, por fim, pode concluir-se, como se referiu, que estas *Nações Germânicas* foram o principal entrave aos poderes universais quer do Papa, quer do *Kaiser*, sendo que o próprio Renascimento que na altura despontava, e o humanismo e antropocentrismo que aquele trouxe, materializaram-se também num empecilho à consciência da lógica da ideia medieval da *Monarchia Universalis*.

Feita a nota essencial para a compreensão destes assuntos, retoma-se a linha dos Imperadores.

Maximilian I. foi um soberano extraordinário: falava oito línguas, interessava-se pelas artes, era um génio militar. Como se afirmou, seu pai havia adiado as reformas imperiais, pelo que lhe coube a árdua tarefa. Num novo quadro de poderes, o *Kaiser* estruturou as suas funções com o exercício de poder dos seguintes órgãos: do Chanceler, do Exército, do Conselho da Corte Imperial da Corte, dos Tribunais, do *Reichsrat*, entre outros. Submeteu o *Reich*, portanto, a uma disciplina comum, embora as dietas reunidas não o tenham deixado levar por diante a institucionalização de um imposto e exército imperial únicos.

Em contrapartida, a sua política de casamentos teve frutos estupendos: como se narrou, o seu próprio e primeiro casamento com Maria da Borgonha, depois em segundas núpcias com uma princesa italiana, Branca Sforza, que trouxe o Norte de Itália de novo para dentro das fronteiras do *Reich*; casou o seu filho mais velho Philipps I. *der Schöne* com Joana, *a Louca,* o que haveria de levar o *Reich* à máxima extensão territorial com Karl V. – possessões na Germânia, a Espanha e todo o Império Colonial Espanhol; e casou o seu segundo filho de forma a recuperar as coroas da Boémia e da Hungria.

Maximilian I. lançou as bases para o poder dos Habsburg na Europa – *Bella gerant alii, tu felix Austria, nube! Nam quae Mars aliis, dat tibi diva Venus!* terá dito Matthias Corvinus (1443-1490) Rei da Hungria - *que outros façam a guerra, tu Áustria feliz casa-te! Pois os reinos que Marte dá a outros, é Vénus que a ti concede!*

## 3.3) A secularização da Prússia

Como se escalpelizou atrás, a Prússia – Estado Cristão conquistado e mantido pela poderosa Ordem Teutónica desde o século XIII – continuava a sua expansão. Os povos daquelas terras eram progressivamente disciplinados, cristianizados e germanizados.

Contudo, chegou ano de 1410 e a Batalha de *Tannenberg*, na qual uma coligação gigantesca de Polacos, Lituanos, Tártaros, entre outros, se uniu contra a cavalaria germânica. Desse modo, os povos germânicos – incorporados no trabalho da Ordem Teutónica – que haviam arroteado as florestas, colonizado as terras, estabelecido negociantes e artesãos nos portos e nos centros de comércio, inclusive no interior dos territórios, estendido a sua dominação política, exercido acção religiosa e intelectual – tudo foi derrotado pelo poder da espada naquela Batalha de 15 de Julho de 1410.

No entanto, a Ordem Teutónica foi ainda capaz de manter alguns territórios em sua posse, entre os quais a Prússia Oriental e a cidade de Königsberg. Não fará muito sentido afirmar que a Prússia decaiu a partir desta derrota, pois a História viria a mostrar que poder maior estaria ainda para vir, mas a realidade é que depois de *Tannenberg* a Prússia sofreu um refluxo por algumas décadas.

De facto, e embora enfraquecido, aquele feudo Cristão continuou a lograr o seu domínio, até ao momento da sua secularização.

Em termos práticos e simples, tratou-se de um processo de conversão religiosa: o Grão-Mestre da Ordem Teutónica, Markgraf Albrecht von Brandenburg-Ansbach, converteu-se ao luteranismo, em 1525, e assumiu os direitos de Duque hereditário da Prússia – que se viria a ligar ao *Mark Brandenburg* em 1618. Assim findou o Estado Cristão e começou o Ducado Prussiano, que irá "terminar" no ano de 1701, com a coroação de Friedrich I. como Rei "na" Prússia, no Castelo de Königsberg – castelo este tido por Brejnev (1906-1982), secretário-geral da URSS, enquanto símbolo do poder político e militar da Germânia, um símbolo *fascista*, e que, por essa razão, se dedicou a mandar arrasar nos anos 60 do século XX, tendo-se construído, em seu lugar, a *Casa dos Sovietes,* que permaneceu desocupada por motivos de instabilidade do solo – uma desforra mística das terras prussianas...

## 3.4) Karl V. e o Império onde o Sol nunca se põe

O Imperador Karl V. (1500-1558) terá sido um dos Imperadores do *Reich* em que melhor se projectou a luz da *Monarchia Universalis*, isto é, da ideia de "continuador da tradição do Sacro Império Romano-Germânico na sua missão imperial, depositária do sacrossanto dever e obrigação germânicos de proteger a Cristandade, a Europa" (Rodriguez, 2000: 59).

Nesta linha, Karl V. é senhor, mais do que qualquer *Kaiser* até então, da expressão *Universal*: para além da Germânia (Alemanha, Áustria, Países Baixos, Boémia, Transilvânia, Prússia, Borgonha, Milanado, etc.) era também Rei de Espanha e, por conseguinte, de todas as possessões recentemente descobertas do lado de lá do Atlântico.

No que se refere ao seu casamento, encontra-se uma outra etapa nas relações luso-germânicas, pois casou com D. Isabel de Portugal (1503-1539), filha D. Manuel I.

A propósito, aquele Rei de Portugal casou, na terceira vez, com uma aristocrata germânica, D. Leonor de Áustria, irmã de Karl V., tendo sido esta a primeira Rainha de Portugal, oriunda das terras do Sacro Império.

Porém não apenas de casamentos se alimentou o convívio luso-germânico daquele tempo, que voltou a assumir contornos mais nítidos.

Em primeiro lugar, Portugal importava, em números consideráveis, madeiras da Germânia, "destinadas principalmente à construção naval" (Erhardt, 1989: 12). Mas não apenas isso, pois também pez e breu eram necessários para a construção e calafetamento das caravelas, assim como cereais panificáveis para o sustento dos *bravos do mar*.

Logo, as relações luso-germânicas, assentavam, sem dúvida, num pilar da política – como vimos com os casamentos entre reis e rainhas – mas, de igual modo, económica – grande afluxo de teutónicos a Portugal (nesta altura país prometedor de fortuna) nomeadamente artífices, como ourives, escrivães, ferreiros, impressores, assim como investimento da alta finança e dos nórdicos homens de negócios, especialmente da cidade imperial de Nürnberg.

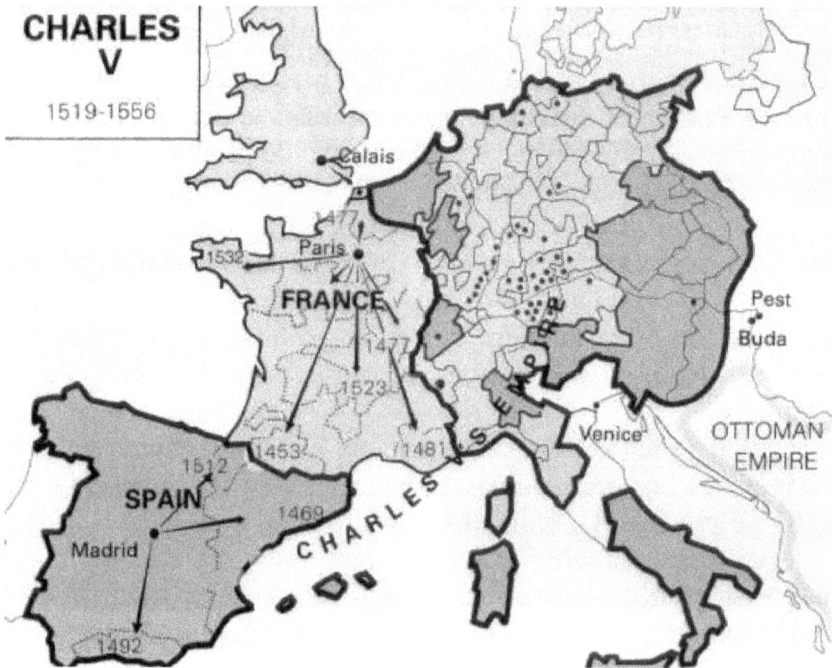

Fig. 15 – Império de Karl V. na Europa em 1556
(The Expansion of Europe, 2013)

Todavia, talvez o aspecto mais importante, seja a cooperação militar. Tendo o franciscano germânico Berthold Schwarz redescoberto a pólvora nos princípios do século XIV, deu-se assim início à extensa especialização dos povos teutónicos no uso dessa matéria explosiva.

Desta forma, armeiros, espingardeiros, bombardeiros germânicos chegavam ao Reino de Portugal para operar as armas que traziam da sua pátria, agora adquiridas para serviço ao Rei Português, a fim de colaborar no esforço da criação do Império Português *d'Além-Mar*. E inúmeras são as referências da época, entre as quais se contam, em pleno século XVI, a literatura de Damião de Góis que refere profusa e incansavelmente os experientes artilheiros germânicos, os ". . .vários milhares de artilheiros alemães. . ." (Daehnhardt, 2010: 224) que se achavam nas naus da carreira das Índias.

Especificamente, o ano de 1489 marcou o início oficial da organização de um corpo de bombardeiros teutónicos, subordinada ao monarca de então, D. João II, *o Príncipe Perfeito*.

Mas ainda numa nota à História de Portugal, da perspectiva geoestratégica, poderá encontrar-se uma explicação razoável a esta colaboração luso-germânica de um ângulo bem distinto da *fraternidade universal*. Com efeito, o bloqueio dos turcos Otomanos às rotas de especiarias que vinham da Índia, por via terreste e cruzando a Ásia Menor, terá certamente irritado e exasperado os comerciantes germânicos que imediatamente viraram os olhos para Portugal que se preparava para chegar às Índias.

Um pequeno inventário dos germânicos em Portugal, no tempo dos Descobrimentos poderia incluir:

- Martin Behaim (1459 -1507), comerciante da Flandres mas oriundo de Nürnberg, viajou com Diogo Cão, orientou a construção do seu famoso Globo, tido como o mais antigo do Mundo;
- Nikolaus de Rechterghem (?-?), oriundo de Aachen e radicado em Antuérpia, recebeu o primeiro carregamento português de pimenta da Índia;
- Lazarus Nuremberger (1499-1564), proveniente das terras de Nürenberg, viajou nas naus da carreira da Índia;
- Valentim Fernandes (?-1519), oriundo da Morávia foi um dos mais notáveis impressores, tradutores e notários de Portugal. Enviou para a Germânia a notícia do desembarque de um rinoceronte em Lisboa e a partir dessa carta, Albrecht

Dürer, o génio do Renascimento Alemão, desenhou a conhecida gravura;

•Anton Welser (1451-1518) foi um importante homem de negócios no concernente ao comércio com o Oriente;

•Simon Seitz (?-?), a ele ficaram os comerciantes germânicos a dever as excelentes condições oferecidas em contracto (1503) por D. Manuel I., entre outras benesses: 15 anos de imunidades e privilégios, direitos a assentar casa, negociar, tratar, vender e comprar em Portugal continental, isenções de direitos nas importações, reexportar moedas de ouro e prata, possibilidade de mandar construir navios de qualquer tamanho (Erhardt, 1989: 98).

Em suma, talvez tantos ou mais privilégios do que a maioria dos comerciantes portugueses tinha, e não ficam esquecidos os factos de que os germânicos tinham de custear frete e armação das naus, bem como sustentar as tripulações por 18 meses, e de regresso a Portugal a Coroa arrecadava 30% da mercadoria adquirida.

Como último aspecto, lembre-se que a Igreja de São Julião foi o primeiro centro da comunidade germânica em Lisboa.

## 3.5) A Reforma Protestante de Martin Luther

Em 1517, Martin Luther (1483-1546) afixou as suas 95 Teses contra as Indulgências na igreja do Castelo de Wittenberg (Lilje, 1983).

No entanto, os ímpetos para uma Reforma Protestante não começaram nesse dia. Jan Huss (1369-1415), John Wycliff (1320-1384), entre outros, apresentaram-se como predecessores na tentativa de quebrar da unidade da Igreja. O próprio Erasmo de Roterdão, humanista germânico, criticava a Igreja de Roma quer pelo comportamento de algum clero devasso, nomeadamente dos Papas Alexandre VI (1431-1503) e Júlio II (1443-1513), quer por deficiências teológicas não explicadas, ou mal explicadas, até então, pela Santa Sé.

Com efeito, a realidade corresponderia a que: i) um sentimento *nacional* alemão (daqui derivou a tradução da Bíblia do latim para o alemão), ii) um capitalismo nascente e que se preparava para emergir que entendia (pelos olhos da burguesia) o catolicismo como um estorvo, portanto um obstáculo que devia ser removido, e por outro lado, iii) a extensa riqueza da Igreja que vinha, pelo menos, desde os tempos de Karl *der Große*, e que fazia aqueles que tinham aspiração ao aumento de poder desejá-la intensamente – uma vez que iniciada a secularização dos bens da Igreja algo lhes calharia pela certa, (e refere-se especificamente a aristocracia germânica, à sombra dos quais Luther se abriga, ou seja, os primeiros opositores do poder Imperial, assim como do poder Papal); todo este leque conjuntural, em suma, alimentou um fogo que Martin Luther ateou.

No mais, numa curta nota exemplificativa pode relembrar-se que, pela secularização do feudo cristão da Prússia governada pela Ordem Teutónica, o Grão-Mestre Albrecht von Brandenburg-Ansbach, convertido ao luteranismo, recolheu para si o título de Duque e todos os privilégios inerentes, algo bastante confortável e que superará, certamente, a bem-intencionada piedade religiosa.

Estas páginas não se demorarão em considerações filosófico-teológicas da Reforma Protestante, mas não se pode deixar de traçar um quadro básico para a compreensão dos fenómenos da política.

Pois bem, Martin Luther, cuja ". . .formação teológica é muito medíocre. . ." (Pierrard, 2002: 217) baseou a sua religião reformada numa livre interpretação das Sagradas Escrituras, desprezando a Tradição da Igreja, estabelecendo que o homem encontra a salvação apenas pela graça de Deus recebida, isto significa que a salvação resulta, apenas e só, da fé – o que contraria os ensinamentos da Igreja que institui o livre-arbítrio no homem e, a par da fé, a necessidade de se praticarem boas obras durante a vida terrena.

Sob o aspecto que visava a destruição dos laços do Sacro Império Romano- Germânico com o Papado, Luther comparar-se-ia a Arminius, um excelente golpe de propaganda, portanto. Libertando-se da Santa Sé – como já se afirmou várias vezes, o braço espiritual do Império Romano do Ocidente que nunca se desfez – o reformador equiparava-se ao herói de *Teutoburg* como um novo libertador, não agora político e militar, mas religioso e espiritual.

Com toda a propriedade, este tumulto no seio do *Reich* viria a chamar a atenção da coroa imperial, na pessoa do *Kaiser* Karl V. que ordena a Luther que se apresente perante Dieta de Worms. Luther, tendo queimado na praça pública, no Natal de 1520, a bula papal *Exsurge Domine*, comparece perante o Imperador, mas não se retracta dos seus actos, pelo que é expatriado do *Reich* em 1521.

Previsivelmente, a aristocracia germânica avançou para proteger Luther e para afrontar o Imperador, no intuito máximo e tão tradicional da nobreza teutónica: o de enfraquecer a autoridade imperial. E coube especificamente ao *Kurfürst* Duque da Saxónia o principal papel.

Inicialmente, com o apoio de grande parte dos príncipes alemães, o luteranismo conquista 2/3 da Germânia, uma tendência que viria a ser invertida com a Contra-Reforma da Igreja Católica.

No que concerne à sua génese, com efeito, a Reforma Protestante, de uma certa forma, não foi um movimento puramente metafísico – talvez tenha começado por ser, mas falhou o seu intuito. Porém, antes representou, numa mão, numa oportunidade de ouro para a aristocracia afrontar o *Kaiser*, e noutra mão, a abertura de caminhos para a economia capitalista, ou seja, descambou de libertação espiritual para libertação material. A Igreja Católica, que não vê com bons olhos o capitalismo desregrado e condena a usura (Jo 2:15) e a exploração do homem tendo em vista o lucro, era – e continua a ser – um bloqueio a esta dinâmica. O luteranismo, por seu lado, vê no lucro uma "bênção" de Deus àqueles que se esforçam no trabalho do dia-a-dia, iguala o ser humano (ao arrepio da hierarquia estabelecida pela tradição da Igreja Católica) obrigando-o a agir e acreditar em si próprio (independentemente das interpretações erradas que possa fazer, nomeadamente da Bíblia), e ensina que somente pela fé o homem pode ser salvo, sendo que a graça de Deus pode ou não descer sobre ele, criando uma angústia na expectativa.

Ora, imbuídos da nova doutrina religiosa subversiva, duas franjas de dois dos três estados do *Reich* irão levantar-se em lutas: em 1522-

3 a Guerra dos Cavaleiros, que se materializou numa revolta de membros da pequena nobreza germânica apontada para a pilhagem das cidades e dos bens da Igreja, à sombra das palavras de Luther e que acabou por ser dominada pelos príncipes, pela burguesia e por alguns membros do Clero; e a incomparavelmente mais grave e profunda *Bauernkrieg* [Guerra dos Camponeses] em 1524-26. Desesperados pelo peso dos tributos aos seus senhores, os camponeses do sul e oeste do *Reich* revoltaram-se. Mas bem alto se ergueu a espada da aristocracia germânica para em seguida cair pesadamente sobre os plebeus, esmagando brutalmente esta insurreição. Luther, resguardado nas sedas dos Príncipes germânicos, apoiava esta brutalidade, pois segundo ele não se devia admitir qualquer questionamento à autoridade temporal, mas somente à espiritual.

Quanto ao assunto da *nação*, está bem de ver o resultado. Afinal, o tal sentimento *nacional* alemão que predispunha à Reforma (e que excitou os ânimos para a tradução da Bíblia para alemão), acabou por ser traído por ela, ou nas palavras sábias de Dawson (1941:51): "o resultado de tudo isto foi que a Reforma, em lugar de unir e fortalecer a Alemanha, se revelou durante muito tempo uma nova fonte de dissensão e fraqueza".

Antes ainda de se findar o texto acerca de como terminou, ou melhor suspendeu, a Reforma Protestante (com a Paz de Augsburg (1555)) importa focar a análise no reinado de Karl V., a fim de compreender as directrizes da política imperial.

No entanto, antes de prosseguir, vale a pena acrescentar que os povos germânicos, ao longo da sua História, tiveram somente uma verdadeira e longa revolução – e foi esta, a Reforma Protestante – que essa visava, não o "paraíso na terra" como pretenderia, mais tarde, Karl Marx, mas alcançar o Céu depois da morte. Como vimos, gorou-se essa missão e não será por acaso que hoje, na Alemanha, se fecham igrejas luteranas para as transformar em discotecas.

Karl V., como se descreveu, reuniu sob a sua espada um vasto Império. Para se fazer eleger Imperador, a despeito de Francisco I de

França, Karl V. recorreu ao "suborno, propaganda, diplomacia, e força militar" (Rodríguez, 2000: 54), mas nada disto o distanciava do seu opositor. De facto, o apoio financeiro, com os seus avultados créditos, de Fugger e Welser, magnatas financeiros do *Reich*, abriram-lhe o caminho para o trono, cumprindo a norma necessária e útil: a alta finança ao serviço da política.

O seu governo foi pautado pelos objectivos de uniformização do Império, conservação da unidade da Cristandade, instauração de um poder autocrático e concentrado na sua pessoa – embora esse processo de centralização do poder deixasse bastante a desejar, quando comparado com o processo em Portugal ou em França da mesma época.

As suas guerras, feitas com o novo exército imperial, foram travadas em incontáveis direcções: contra a ameaça externa do Islão armado, às portas do *Reich* a Sul, vindo da Península Bizantina (1529); contra França a Oeste, na fase inicial com Francisco I (1494-1547) (que perdendo batalhas, voltou a ceder a Borgonha e a Flandres ao Sacro Império pelo Tratado de Madrid (1526), bem como mais tarde o próprio Milanado) e com o rei seguinte Henrique II (1519-1559); contra o próprio Papado que se aliou, na pessoa de Clemente VII, ao Rei de França e assim justificou que o *Kaiser* saqueasse Roma (1527).

Todavia, estes conflitos externos não são pautados por uma acalmia interna, mas exactamente o oposto, pois continua-se na época da Reforma Protestante e de seus resultados que retalharam e ensanguentaram o *Reich*, incutindo ódios e disputas religiosas, *in extremis*, pelo próprio poder e supremacia. Um tempo manchado pelo sangue que se derramou e espalhou por quase toda a Europa.

No mais, o ano de 1530 testemunhou uma união dos príncipes protestantes com inimigos externos da Germânia (ex.: França e Dinamarca) contra o próprio Imperador: a *Schmalkaldischer Bund*. Esta Liga seria derrotada e trucidada pelas forças católicas do *Kaiser* na Batalha de *Mühlberg*, no dia 24 de Abril de 1547.

E de facto, no referente à França, Francisco I, Rei católico, favoreceu no entanto a anarquia política no *Reich*, mandando enviados favorecer a ascensão da aristocracia germânica protestante e chegando mesmo a aliar-se aos Otomanos, entabulando conversações com o sultão Solimão (1494-1566), num exercício político de uma disciplina que o próprio Maquiavel teria algumas dificuldades em reprovar. Nesta lógica – que suplanta o que deveria ser uma união religiosa católica contra os protestantes, ao invés de uma luta política levada a cabo pelo [católico] Rei de França, contra o igualmente católico Imperador da Germânia – o Cardeal Richelieu seria o grande mestre-de-cerimónias, como se testemunharia durante a Guerra dos Trinta Anos.

Assim a França, até então um reino com significado geopolítico muito limitado – fenómeno este encaixado numa Cristandade tutelada e subordinada ao *Kaiser* e ao Papa – imersa numa longa guerra civil de lutas feudais [Guerra dos Cem Anos], começaria a partir daquele tempo a conflituar, desestabilizar, guerrear e tentar impor-se ao Sacro Império Romano-Germânico. Missão esta que levaria sempre muito a peito, e à qual se juntarão o Reino Unido no século XVII, e a Rússia, bem como os EUA, na primeira metade do século XX (19).

Efectivamente, as concepções políticas e mudanças de mentalidade não são isoladas dos combates políticos, fomentados pela religião, que aqui ocupam o estudo. O Renascimento, notavelmente o Renascimento Germânico, que encontra o seu maior nome em Albrecht Dürer (1471-1543) artista dedicado à pintura, mas também à gravura sobre cobre e madeira, bem como outros nomes dignos de nota como van Eyck (1390-1441), van der Weyden (1400-1464) e Hans Memeling (1430-1494) (que pintou o magnífico *Juízo Final*), encaixam nesta dinâmica.

O que importa reter, porém, é que esta época do Renascimento projecta uma substituição do paradigma teocêntrico para aqueloutro antropocêntrico, no qual os humanistas ergueram bem alto uma admiração e fascínio pela cultura [pagã] greco-latina. Embora, como se examinou, o *Reich* tenha cultivado sempre, desde a sua fundação no ano 800 até essa era do Renascimento, um apego aos saberes clássicos – e relembramos o papel, quer da Corte de Karl *der Große*, quer de Otto *der Große* – facto é que o Renascimento representou, em suma, não um corte com o paradigma medieval (repita-se que também o paradigma medieval se alicerçava no pensamento dos clássicos (ex: Santo Agostinho, São Tomás de Aquino, Santo Anselmo, etc.)), mas uma recepção acrítica e subserviente dos escritos do paganismo clássico (Pré-Socráticos, Platão, Aristóteles, etc.).

Com a Paz de Augsburg (1555) o Imperador Karl V. reconhece o precário princípio *cuius regio, eius religio*, *i.e.*, conforme for a religião do príncipe assim será a religião dos seus súbditos. Não obstante esta cedência, nada de fundo se resolverá, sendo um campo de pólvora que viria a explodir na Guerra dos Trinta Anos, e só depois desta se encontraria um consenso. De resto, a Paz de Augsburg representou materialmente a quebra da unidade religiosa da Cristandade, unidade essa que desde Karl *der Große* sustentava e legitimava o *Reich*, na simbiose com o Papado, ambos os braços no garante da unidade da Cristandade até ao *Fim dos Tempos*. O luteranismo destruiu esta dimensão e não a substituiu por nada.

Ironicamente, e como apontamento de rodapé, note-se que, enquanto a Europa estava dilacerada com toda esta luta religiosa, o Novo Mundo, descoberto e submisso a Portugal e a Espanha, "passava inteiramente para o catolicismo" (Pierrard, 2002: 227). Só os Holandeses e o seu calvinismo militante vieram destruir esta harmonia, mas já no século XVII.

Karl V., entretanto, faria de Espanha, aliada ao *Reich*, a Rainha e Senhora do Mundo do século XVI, grosso modo, até aos Tratados de Westfalen (1648) e por conseguinte, dotaria o seu filho Felipe II de uma arma poderosíssima para ajudar os católicos nos conflitos que se aproximariam.

Por si, e cansado de tantas batalhas, este magno Imperador, retirou-se para levar uma vida monástica, abdicando do governo do seu vasto Império. Divide-o em: Espanha, possessões espanholas (vice-reino do México, vice-reino de Lima), Sicília, Países Baixos, Franco Condado para seu filho, Felipe II, e na Germânia e suas possessões multisseculares para seu irmão Ferdinand I.

Se Felipe II tivesse ficado com o título de *Kaiser*, Portugal teria sido incorporado nas terras subordinadas à Coroa de Otto *der Große*. Isso não aconteceu – outro sinal geopolítico para orientação do nosso país para a talassocracia e não para a telurocracia.

# Capítulo 4) A maturidade do *Reich*: o golpe da nova ordem Vestefaliana

## 4.1) A Contra-Reforma

No rescaldo da Reforma Protestante, e antes de se perscrutar os fenómenos e as consequências da Guerra dos Trinta Anos com algum detalhe, impõe-se rever a linha de Imperadores Germânicos que se desenha na época que nos ocupa.

Efectivamente, e após a divisão do Império de Karl V., a Coroa Imperial foi cingida por Ferdinand I. (1503-1564). Este Imperador e também Rei da Boémia, Hungria e Croácia (e para este aspecto recordamos a acção política de seu avô, Maximilian I.) cuidou de evitar a propagação das ideias de Luther, e num sentido muito prático e realista, procurou segurar a autoridade imperial.

Maximilian II. (1527-1576) seu filho, soberano culto, tolerante e inteligente, patrono das artes e das ciências era, em verdade, um soberano de posições religiosas pouco claras. Com efeito, ainda hoje os investigadores enfrentam alguma dificuldade em agregá-lo ao catolicismo ou ao protestantismo, sendo certo que esta posição de neutralidade e passividade perante um conflito de tão grande monta se acabou por revelar desastrosa, tal qual mostrou a guerra que se aproximava a largos passos e que acabou por atestar essa perspectiva.

Sucedeu-lhe o seu filho Rudolph II. (1552-1612). Educado severamente no catolicismo austero da corte de Felipe II de Espanha, Rudolph II. era já desde 1576 Rei da Boémia, fazendo depois de Praga, mais uma vez, a capital do *Reich*. A cidade conheceu, então, um enorme desenvolvimento, o barroco prosperou dos dois lados do Vltava, e Praga, tornada feliz, foi chamada de «a cidade das cem torres».

Imperador desconcertante pelo seu gosto místico pela arte, ciências e alquimia, Rudolph II. viu-lhe ser arrancada pelos seus súbditos protestantes a *Carta de Majestade* (1609), documento *para* a liberdade religiosa. Reconhecida alguma incapacidade do *Kaiser*, outros membros da família Habsburg não cessariam de intervir no governo do *Reich*, em especial seu irmão Mathias. Desta forma, aquele que veio a ser o sucessor de Rudolph II. foi-se apoderando paulatinamente da Áustria, da Morávia, da Hungria, e finalmente a Boémia, em 1611 culminando com a abdicação do *Kaiser* Rudoph II. em favor de seu irmão.

O Imperador Mathias (1557-1619) revelou-se num governante sábio e preocupado com as questões políticas e militares – de outra maneira não se compreenderia o seu interesse em intervir no *Reich* quando esses eram ainda assuntos de governo de seu irmão.

Tendo assistido à derrota da *Invencível Armada* (saída da barra do Tejo) (1588) – cujos objectivos económicos incluíam erradicar a pirataria inglesa fomentada por Isabel I, e também objectivos religiosos de prevalência do catolicismo em Inglaterra (dado que Felipe II fora casado com Maria I, rainha católica, entretanto falecida) – seria natural da parte do *Kaiser* que este se associasse à luta pela defesa do Catolicismo. Contudo, desinteressado do que julgava ser, talvez, *questiúnculas religiosas*, o soberano limitou-se a guiar-se pelo seu chanceler, Melchior Khlesl (1552-1630) – animador da Contra-Reforma.

De resto, a perigosa instabilidade religiosa criada pela Reforma Protestante, suspensa pela Paz de Augsburg e inflamada pela *Carta de Majestade,* eclodiu numa revolta a 23 de Maio de 1618 (um ano antes do falecimento do *Kaiser* Mathias), conhecida pela *Defenestração de Praga* [*Fernstersturz*], na qual um grupo de nobres da Boémia lançou pela janela da Chancelaria, sita no Castelo de Praga, dois representantes do *Kaiser* que não atendiam às reivindicações protestantes. Segundo uma lenda católica, os representantes imperiais não morreram, porque foram amparados na queda de cerca de 17 metros, por dois anjos vindos do Céu; já a explicação protestante sustenta que os ditos haviam caído num rotundo monte de esterco que quedava por baixo da dita janela, salvando assim a vida.

Facto é que esse acto daria o mote para que estalasse a Guerra dos Trinta Anos, "a guerra civil no Império" como escreve Rodriguez

(2000: 113), que adiante será analisada.

Nestas circunstâncias, será útil reflectir sobre a época em que se vivia.

Das mudanças de mentalidade que representaram o Renascimento, face aos paradigmas medievais de conhecimento e cultura, passa-se aos tempos do Barroco, aos tempos em que o Homem da Europa, esquecido da *Teoria da Rebelião* altamente inspirada no humanismo do século XVI, está pronto para, apegado ao seu Soberano que se constitui no governante autocrático típico desta altura (embora esse poder *autocrático* não signifique poder *ilimitado* (Maltez, 1991: 289), pois recorda-se que as leis fundamentais do Estado, os direitos de religião e os direitos de propriedade, entre outros, condicionavam o poder político – esta era a doutrina do Absolutismo Régio) se entregar a uma outra visão do Mundo que contrasta com aquela renascentista, de ora em diante vai viver-se um "período de conformismo geral e de refluxo autoritário" (Villari, 1994: 98) em que se enquadra o raciocínio de Thomas Hobbes (1588-1679) e do seu *Leviatã* (1651).

Portanto, e firmados na consciência de que a Reforma Protestante se espalhou por 2/3 do *Reich* e parte não despicienda da Europa, os Santos Padres empenharam-se energicamente na Reforma da Igreja, apoiada num processo de Contra-Reforma. Foram Papas zelosos, combativos, e cheios de fé e ardor em reconquistar a Europa para a Igreja de Roma, como por exemplo: Paulo III (1468-1549), Julio III (1487-1555), Pio IV (1499-1565), Santo Pio V (1504-1572).

O Papa Paulo III (1468-1549) foi o percursor: remodelou a Cúria Romana, atacou as heresias restaurando o Tribunal do Santo Ofício (1542), estabeleceu censura para as obras escritas instituindo a Congregação do Índex que publicava a lista de livros proibidos (1543), aprovou novas ordens religiosas (ex.: Teatinos e Jesuítas) e afirmou a necessidade de um concílio para tratar dos problemas criados pela Reforma Protestante.

Este concílio, realizado em terras germânicas – o Concilio de Trento (1545-1563) – reformou a disciplina eclesiástica e definiu os dogmas da Igreja Católica. No primeiro segmento, apontou-se normas sobre a formação dos padres em seminários, estabeleceu-se que ninguém poderia ser ordenado antes dos 25 anos, obrigou-se ao uso de vestuário clerical e reafirmou-se o celibato; e no segundo segmento, sublinhou-se a importância inalienável da Sagrada Escritura como fonte de crença, mas igualmente a Tradição da Igreja, confirmou-se que a fé não é suficiente para se obter a salvação sendo que as boas acções são imprescindíveis, estabeleceram-se os sete sacramentos não apenas enquanto sinais, porém como alimentos da fé que contêm em si a graça de Deus, sustentou-se a presença real de Jesus Cristo na Eucaristia e a transubstanciação, manteve-se o culto da Virgem Maria e de todos os Santos e o emprego do latim na liturgia.

Em suma, a Igreja Católica renovou-se, o *Pontifex Maximus* foi proclamado «Pastor Universal da Igreja» sendo-lhe reconhecida a superioridade sobre os próprios concílios. Instituiu-se a *Missa Tridentina*, uniformizando-se o santo sacrifício da Eucaristia.

Por tudo isto, o século XVII viria a ser o século da pregação, da doutrinação, da reconversão da Europa ao Cristianismo de Roma. Mas foi, de igual modo, um século de pessimismo notável, pessimismo que substituiu o optimismo dos humanistas do Renascimento, cujos frutos do individualismo – que seriam recuperados no século XVIII e que estão agora no século XXI a apodrecer – foram recusados, sendo posto em prática um processo de retorno à religião verdadeira.

Época das profusas talhas douradas, das igrejas imponentes, das linhas curvas na escultura e na arquitectura, das vivas cores e contrastes da pintura de um Caravaggio (1571-1610), de um Rembrandt (1606-1669), de um van Dyck (1599-1641), de um Velásquez (1599-1660), de um Rubens (1577-1640) – este último talvez o maior dos nomes germânicos nas artes ao serviço da Contra-Reforma – da música belíssima de um Händel (1685-1759) ou de um Bach (1685-1750), génios que, não obstante não vergarem o seu joelho perante o Papa, todos esmagam o humilde crente na sua forma de arte própria e deixam muito para trás a austeridade que os protestantes tanto apreciam.

Nesta reunião de procedimentos, refira-se ainda que, sem a Companhia de Jesus – um autêntico exército ao serviço da Igreja Católica, ela-própria fundada por Santo Inácio de Loyola, antigo militar – o *Reich* e a Europa ficariam entregues ao protestantismo. Confessando os Príncipes e demais aristocracia, formando a juventude, pregando a reconversão, etc. o catolicismo conseguiu alcançar feitos reconhecidos. O facto de, ainda no ano 1990, a Companhia de Jesus ter 35.000 membros, ilustra "a extraordinária vitalidade da ordem" (Pierrard, 2002: 244), para mais que, actualmente, no trono de São Pedro se senta um Papa Jesuíta (S.S. o Papa Francisco (n.1936)).

## 4.2) A Guerra dos Trinta anos e o papel de Ferdinand II.

Estabelecendo definitivamente o protestantismo no seu país, Elisabeth I abriu caminho para a consolidação do poder central a nível interno e para o lançamento das bases do poder talassocrático inglês a nível externo (embora, não sem antes se ter vivido uma sangrenta Guerra Civil) que se imporá no Mundo, especificamente a partir do final da Guerra dos Sete anos e até ao final da II Guerra Mundial.

Contudo, sobre os séculos XVI e XVII, deve reter-se que a Inglaterra, enquanto reduto do protestantismo, aliar-se-ia com: a Escócia, a Dinamarca-Noruega, a República das Províncias Unidas, a Suécia e com a França católica para destruir o poder e hegemonia do *Reich*.

Sem dúvida, a Contra-Reforma e os seus largos efeitos começaram a preocupar os protestantes, que se aplicaram em unir-se na *União Evangélica* (1608), chefiada pelo líder do *Kurpfalze*, com objectivos de impedir o reforço do poder do *Reich*. Como reacção, nasce a *Liga Católica*, fundada no ano seguinte, que tinha à frente o *Herzog* da Baviera. Estariam lançados os dados para o conflito.

A *Defenestração de Praga*, já passada em revista, fora a gota de água: a aristocracia protestante da Boémia, recalcitrante face às posições católicas de Ferdinand II., recusava-se a admitir a ascensão daquele como seu Rei, preferindo entregar a Coroa da Boémia ao seu rival Friedrich V. – começara a Guerra dos Trinta Anos.

Do ponto de vista formal, podem indicar-se várias fases de tão longo conflito politico, militar e religioso:

1618-1623 – Período Palatino – aliança de Espanha com o *Reich* e repressão da revolta na Boémia. Vitória estrondosa dos Católicos na Batalha de *Weißen Berg* (1620). Após esta Batalha, o Eleitorado do Palatinado sai da união protestante e submete-se à dinastia católica Wittelsbacher. Com os Tratados de Vestefália, o *Herzog* da Baviera será elevado também a *Kurfürst,* passando, portanto, a oito no total.

1625-1629 – Período Dinamarquês – o *Reich* venceu, por duas vezes, a Dinamarca e esta compromete-se a não intervir mais no espaço da Germânia;

1629-1635 – Período Sueco – o Rei Sueco Gustav Adolf II (1594-1632), incitado pelo Cardeal Richelieu (1585-1642), atacou o *Reich* na altura em que o bravo General Wallenstein (1583-1634) era destituído. A Batalha de *Breitenfeld* (1630), na qual os suecos protestantes aniquilaram a maioria das forças católicas, foi a viragem da guerra. Embora Gustav Adolf II tenha depois morrido em combate (1632), em *Lutzen,* o facto é que nem o retorno do General Wallenstein como comandante das tropas imperiais fez pender a balança para o lado católico. Decerto, este desespero desembocou em acusos de alta traição, subornos e afins, que culminaram com o assassinato do extraordinário General – algo que revela que o Imperador, não obstante a situação militar desfavorável, dominava a situação interna;

1635-1648 – Período Francês – a França declarou guerra a Espanha e foi invadida, gerando-se o pânico em Paris. Contudo, as revoltas na Catalunha e a independência das Províncias Unidas, bem como a Restauração da Independência de Portugal, enfraqueceram Espanha que cederia o papel hegemónico europeu à França – aliás, o casamento de Louis XIV com a filha de Felipe IV de Espanha, Maria Teresa, representará, enfim, essa «passagem de testemunho». Por seu lado, a mudança, no trono Imperial, de um realista Ferdinand II. para um, não tão capaz, Ferdinand III. (1608-1657) teve também um peso acrescido.

Esta guerra, na qual o Sacro Império Romano-Germânico foi pisado como ". . .o principal campo de batalha. . ." (Dawson, 1941: 46) foi, de facto, um conflito terrível. Nele, um bando de mercenários indisciplinados invadiu a Germânia, foco secular de cultura e autoridade, para a devastar a partir de dentro. A miséria grassou, os animais mortos e já em decomposição eram comidos como se de boa carne se tratasse, o trigo atingiu um preço desmedido, pois os campos deixaram de ser cultivados, derivado da devastação constante.

Regresse-se ao trono e sua influência. O *Kaiser* e Rei da Boémia desta fase era, então, Ferdinand II. (1578-1637) que havia sucedido ao *Kaiser* Mathias. Como se descreveu, devido a conflitos que se prenderam com a sua subida ao trono como Rei da Boémia, (re-)acenderam-se os conflitos entre católicos e protestantes.

Relembre-se que a primeira batalha decisiva fora ganha por Ferdinand II., a batalha na qual o General Tilly comandou as forças católicas: a Batalha de *Weißen Berg* a 8 de Novembro de 1620. No seu rescaldo, haveria de construir-se a Igreja do Menino Jesus de Praga [ou, oficialmente designada, a Igreja de Nossa Senhora Vitoriosa] a fim de celebrar essa vitória, enquanto os elementos de monta da Nobreza boémia foram enforcados e decapitados na Praça da Cidade Velha, e substituídos pela aristocracia germânica (ou germanizada) católica, sendo todo o Reino impulsionado à reconversão ao catolicismo (o centro católico da Loreta é um excelente exemplo desta realidade), tendo a língua checa sido depreciada em detrimento do maior uso da língua alemã. No que se refere, particularmente, ao procedimento da *catolicização*, este seria apenas travado pela reformas do *Kaiser* Joseph II., como se terá oportunidade de verificar.

A partir desses acontecimentos, a Boémia, a Morávia, a Silésia e demais territórios entrariam em mais uma fase de intensa germanização, isto é, de fomento da *cultura-viveiro* da Germânia, integradas e harmonizadas no *Reich*.

Como se acabou de mencionar, numa segunda fase da guerra, o Rei da Dinamarca, integrado de algum modo no *Reich* na qualidade de *Herzog* de Holstein, resolveu intervir na guerra e foi derrotado (novamente pelo General Tilly, em 1626).

Quanto aos assuntos internos, por decreto imperial (1627), Ferdinand II. estabeleceu que "a Coroa Germânica passava a ser hereditária na família dos Habsburg, o catolicismo tornava-se na religião de Estado, e a chancelaria da Boémia deslocava-se para Viena" (Corvisier, 1976: 212).

Deste modo, Ferdinand II. permaneceu para a História da Germânia como a imagem mais perfeita do príncipe-modelo da Contra-Reforma. "Desde a época dos Hohenstaufen, que nenhum imperador alemão tivera tanto poder como Ferdinand II." opinou Macedo (1940: 176). De facto, após vencer a Batalha de *Weißen Berg*, o *Kaiser* rasgara, com as próprias mãos, a Carta de Majestade. Derrotara o Rei da Dinamarca e oferecera-lhe paz, impedindo que se aliasse à Suécia. Promulgara o Édito de Restituição, segundo o qual todos os bens secularizados deveriam ser devolvidos à Igreja Católica e aos católicos espoliados.

Mas neste ambiente de forte dinâmica do poder, outra personagem de grande relevo merece ser destacada para além do Imperador: o General Albrecht von Wallenstein. No ano de 1624 oferecera-se ao *Kaiser* para organizar um exército de 20.000 homens. Nomeado, dessa forma, pela Coroa Germânica comandante-em-chefe das forças imperiais, pode afirmar-se que Wallenstein estava bem à altura de Richelieu em termos de influência.

Por outro lado, o general queria estender a influência do *Reich* no Báltico, algo que irritou profundamente a Suécia e a fez aliar-se à França.

Todavia, a ambição e ímpeto de Wallenstein, pressões do Papado e de França que temiam um *Reich* poderoso em todo o seu esplendor, fizeram com que Ferdinand II. cometesse, ao contrário de toda a lógica de engrandecimento do Império, o erro crasso de destituir o seu General. Este, caído em desgraça, acabou por ser assassinado e coube o seu posto de comandante ao filho de Ferdinand II., Ferdinand III (1608-1657) que será, tal como seu pai um *Kaiser* competente, ainda que não tão imponente.

Neste período das guerras do Barroco, encontra-se mais um capítulo das relações luso-germânicas.

Tendo el-Rei D. João IV sido aclamado Rei de Portugal – cerimonial apenas levado a cabo como resultado directo da brava acção da fina-flor da aristocracia Portuguesa, (os *Valentes Guerreiros*, como se canta no Hino de 1640) – a Monarquia Portuguesa restaurada enfim, precisava de reorganizar o seu Exército.

Em Friedrich Hermann *Herzog* von Schomberg (1615-1690), militar e estratega de génio – que havia sofrido com a morte de seu pai na Guerra dos Trinta Anos e com a subsequente confiscação de todos os seus bens – recaiu a escolha do Reino de Portugal. O militar teutónico, de facto, para além de reorganizar o exército, introduziu "técnicas e formaturas de marcha, que transformaram um grupo de guerreiros confusos numa implacável máquina de guerra" (Daehnhardt, 2002: 72). Em verdade, com a sua preciosa ajuda e conhecimentos, Portugal venceu a Batalha do *Ameixial* em 1663 e a dos *Montes Claros* em 1665.

Como último apontamento a este assunto, fica a citação de Daehnhardt (2002: 72): "Schomberg foi levado mais pela simpatia que lhe inspirava a causa de Portugal, do que pela ambição de ganho ou poderio". De facto, "cada vez que Portugal está numa situação de aflição extrema, vem sempre alguém dos países germânicos para ajudar Portugal" (Daehnhardt, 2005: 18).

*Münster* e *Osnabrück* foram as duas cidades vestefalianas onde se assinou a paz, colocando um ponto final ao conflito religioso e militar.

O Sacro Império Romano-Germânico foi, efectivamente, o grande derrotado. Louis XIV de França, recebendo o título de *Rei*

*Cristianíssimo*, pretendeu destruir, *recuperando* e puxando para si, a ideia germânica de *Monarchia Universalis,* exigindo actuar ele-próprio como o primeiro soberano da Cristandade, invertendo, dessa maneira, os 800 anos de história da supremacia do *Reich* sobre a Europa, principiada por Karl *der Große.*

Nem católicos, nem protestantes terão vencido o conflito, porquanto se decretou uma «neutralidade política» face à matéria religiosa, embora a secularização do poder político se começasse já a vincar, uma vez que este se autonomizara às regras teológicas e morais, tal qual pretendera Maquiavel (1469-1527).

Trata-se, em suma, do fim da hegemonia do *Reich* e do poder imperial: depois da Querela das Investiduras, depois da Reforma Protestante, eis o verdadeiro golpe na *Kaiser Idee* que desmaia e recua na sua influência e na sua capacidade de se impor à Europa. Em termos concretos, por exemplo, a própria França e Suécia tinham agora um lugar na Dieta Imperial!

Lançaram-se, pois, as bases do Estado-Nação e consagrou-se o princípio *bodiniano* de «Soberania do Estado», segundo o qual este "não reconhece superior na ordem externa" – politicamente está enterrada a dupla submissão dos Estados da Cristandade (ela mesma já quebrada) ao *Kaiser* e ao Papa.

Aos Príncipes germânicos – opositores do poder imperial *ad aetenurm* – é até consagrado o direito de se aliarem a potências estrangeiras, o que simboliza um gigantesco golpe na coesão do *Reich*, já para não falar da autoridade imperial que fica esvaziada no mais alto grau.

O *Reich*, por seu lado, foi obrigado a ceder 40.000 milhas do seu território, do qual uma larga parte coube à França (ex.: Alsácia e parte da Lorena), mas também à Suécia (ex.: Pomerânia Ocidental). Numa palavra, *uma manta de retalhos* na qual as independências minúsculas, uma autêntica poeira de Estados ínfimos, cobriu a Germânia.

A Paz de Vestefália, em conclusão, consagrou dois Estados que se vão tornar nos poderes do século XVIII, no que concerne ao espaço europeu do meio: a Áustria e o Brandeburgo.

Porém, feitas as contas, a França foi a grande vencedora, herdando de Espanha o lugar ao Sol.

## 4.3) França e Império Otomano: dois poderosos inimigos

Neste contexto de retrocesso do poder do *Reich,* importa assinalar não apenas o próprio conflito militar da Guerra dos Trinta Anos e todas as suas implicações e consequências: destruição de casas, campos, oficinas, advento de fome, peste, miséria social; mas sobretudo focar um actor que «solta as suas garras» na arena internacional – a França de Louis XIV (1638-1715), o *Rei-Sol,* cujo reinado começou no ano de 1643 e o próprio governo se iniciou em 1661, por circunstâncias explicadas abaixo.

Tal qual se afirmou, Louis XIV, recebendo o título de *Rei Cristianíssimo,* pretendeu destruir a ideia germânica de *Monarchia Universalis.* Mas esta "destruição", no fundo, almejava apenas tratar de uma passagem de testemunho, pois para o Bourbon seria a França que se deveria revestir do ideal, isto é, ser a França a cabeça da *Monarquia Universal* à qual todos os outros Estados se deveriam submeter. Tamanha presunção em substituir-se ao *Reich* nunca se havia visto na História da Europa Central, provavelmente, porque também nunca antes o *Reich* havia estado tão debilitado, talvez nem mesmo aquando do Grande Interregno. Com efeito, o cardeal Mazarino (1602-1661) havia já ensaiado a perspectiva para que Louis XIV sucedesse ao Imperador Ferdinand III. (falecido em 1657), assim como Francisco I de Valois havia outrora estendido o seu pé para o trono do *Reich,* tendo sido repelido por Karl V. Contudo, os intentos de Louis XIV ultrapassavam essa simples pretensão ao trono – tratava-se enfim, de substituir-se ao Sacro Império Romano-Germânico, num papel superior que fora seu pelos séculos dos séculos até então.

Não obstante este *idealismo,* o monarca francês foi sábio no governo do seu país: alimentou uma vida cortesã para a Nobreza, domesticando-a completamente. Dessa forma hábil, a fina-flor da

Aristocracia francesa, outrora composta por poderosos senhores feudais que guerreavam entre si, atropelava-se agora para ter o privilégio de calçar os pés do Rei com sapatos de tacão, aprimorar-lhe as rendas, alisar-lhe os finos e justos calções de seda, estender-lhe as luvas, ou até mesmo para assistir aos actos públicos de defecação real, agitando lencinhos perfumados por baixo do nariz, enquanto *Sua Majestade Cristianíssima* cumpria tal necessidade fisiológica – e, para mais e se preciso fosse, no final, ajudar o Rei nos actos de higienização. Tudo isto fazia a Nobreza francesa, para ter a simples recompensa de ver o Rei a acenar com a cabeça ou fazer um gesto altivo com a mão, o que representava uma satisfação histérica para os nobres. Eis um retracto, embora pobre, da vida diária na corte de França daquele tempo.

O citado Cardeal Mazarino governava a França em 1643, tendo recebido o poder da regente, Anne d'Autriche (1601-1666), esposa de Louis XIII (1601-1643). O Prelado centralizou o poder, na esteira do seu antecessor, o Cardeal Richelieu, mas a realidade é que mal terminou a Guerra dos Trinta Anos que consagrara a vitória francesa, começara mais uma guerra civil naquele país – desta feita a Fronda (1648/1653) – conflito marcado por protestos, agitações e golpes de Estado. No entanto, o que deve chamar a atenção é uma centralização de poder que tem lugar em França que afectaria directamente o *Reich*.

Com efeito, assumido previamente seu pleno poder, no ano de 1665, Louis XIV nomeou Colbert (1619-1683) para um importante cargo governativo. Este ministro de génio reduziu o *déficit* francês, operacionalizou uma reforma fiscal e relançou a produção do país, baseando-se na doutrina económica do mercantilismo de Estado explicada abaixo.

Por seu lado, este melhoramento económico foi acompanhado de uma Filosofia Política relativamente elaborada. Jacques-Bénigne Bossuet (1627-1704), para quem o trono real é do próprio Deus, sendo que Ele reina por intermédio dos Reis sobre os seus povos e, por isso mesmo, a autoridade real é absoluta, sustenta o Jusdivinismo. Thomas Hobbes havia também apelado à concentração do poder no Rei (ou numa Assembleia), se bem que numa perspectiva distinta, na qual a soberania era dessacralizada. Contudo, convergem ambos na rejeição da separação de poderes, indo Hobbes mais longe, considerando o homem mau por natureza e obrigando-o a constranger-se e a submeter-se, por meio de *pacto social*, ao Estado.

Neste quadro doutrinário, Louis XIV vai impulsionando as suas conquistas: investiu com o seu poderoso exército contra os Países Baixos do Sul (1667), património dos Habsburg, que ele entendia pertencerem a sua esposa; e contra o Franco-Condado (1668), parte do antigo território germânico da Borgonha. A Inglaterra, como resposta, alia-se às Províncias Unidas e à Suécia e obriga a França a libertar o Franco-Condado pelo Tratado de Aachen (1668). No entanto, a França conservou os Países Baixos do Sul que ainda voltariam, no entanto, à posse da dinastia germânica.

A talho de foice, a ideia capciosa das «fronteiras naturais» de que se servia Louis XIV para levar a cabo esta empresa de conquista, não faz qualquer sentido segundo uma perspectiva geopolítica séria. As fronteiras não dependem deterministicamente da geografia. Contudo, essa ideia que Richelieu pregara no seu *Testamento Político,* foi assim recuperada pelo monarca francês por uma simples razão: o Reno era entendido como a «fronteira natural» da França.

Em consequência directa destas convicções, a Alsácia-Lorena viveu o dia de 30 de Setembro de 1681, dia em que Straßburg perdeu a sua liberdade secular – os exércitos da França cercaram a cidade e avisaram que caso não se rendesse seria destruída. As portas abriram-se e a França entrou, apoderando-se de antiquíssimo território germânico e criando a ideia dominante de que ali é França.

Estas anexações só poderiam inquietar os países da Europa. Deste modo, forjou-se uma poderosa aliança militar contra a França, conhecida pela Liga de *Augsburg* e da qual faziam parte: o Sacro Império Romano-Germânico, as Províncias Unidas, a Inglaterra, a Espanha e o Ducado de Sabóia. O *Kaiser* Leopold I. (1640-1705) foi o grande animador destes assuntos, e no Tratado de Rijswijk (1697) observa-se uma França derrotada, mas não humilhada, já que manteve muitas das suas conquistas. Todavia, essa "derrota" não a sossegaria por muito tempo.

Na Guerra de Sucessão Espanhola (1701/1714), a França do *Rei-Sol* acumulou mais uma vitória.

No ano de 1700 falecera em Espanha Carlos II de Habsburg, sem deixar descendência e apontando Philippe d'Anjou (1683- 1746), neto de Louis XIV, como seu sucessor (Louis XIV era casado com uma irmã de Carlos II – Marie-Thérèse d'Autriche – logo o seu neto era sobrinho-neto do mesmo Rei de Espanha). Este facto alarmou as Províncias Unidas e a Inglaterra, receosas da união real de um bloco continental que compreenderia toda a costa oceânica – desde o norte da Península Ibérica até às referidas Províncias Unidas. Assim sendo, formou-se uma aliança militar entre ambas, a que o *Reich* se juntou – assim como quase todos os príncipes germânicos – que declarou prontamente guerra à França (1701), apoiando ao invés Karl von Habsburg (1685-1740), filho de Leopold I., para o trono de Espanha.

O Reino de Portugal, sob o reinado de D. Pedro II, apoia o partido do Sacro Império Romano-Germânico, e Lisboa recebe, a 9 de Março de 1704, Carlos III de Espanha [Karl von Habsburg], aclamado solenemente em Wien.

Participando directamente no conflito, senhores de valorosos feitos militares, o Marquês de Minas e o Conde das Galveias travam incessantes e duras batalhas, em prol daquele que seria futuramente um herdeiro da Coroa Imperial de Otto I., até que, no dia 25 de Julho de 1706, a Aristocracia Portuguesa entra triunfante em Madrid e fez reconhecer Carlos III de Espanha, vingando também os 60 anos de domínio castelhano sofrido.

Sem dúvida, tudo estaria ganho – o desempenho militar de Eugen Franz, Prinz von Savoyen-Carignan (1663-1736) que reconquistou a Hungria e o Norte de Itália foi irrepreensível – não fosse a linha de imperadores germânicos sofrer uma reviravolta. Efectivamente, Leopold I. falecera em 1705 a quem sucedera Joseph I. (1678-1711) seu filho. Porém, este *Kaiser* que não tinha filho varão que lhe sucedesse, acabou por morrer em 1711, passando a coroa para seu irmão, precisamente Karl von Habsburg que lutava pela coroa de Espanha.

Pois bem, fora proclamado *Kaiser* e feito Karl VI. (1685-1740), levando a que a Inglaterra e as Província Unidas lhe retirassem o apoio, baseados numa visão geoestratégica aguçada que não queria voltar a ver a repetição do que fora o Império de Karl V.

Desta forma, em 1713 é assinado o Tratado de *Utrecht*, segundo o qual Philippe d' Anjou renunciou à coroa de França e se tornou Rei de Espanha com o título de Felipe V – uma medida bem ao gosto inglês do «balance of powers». Aliás, seria por esta altura que Inglaterra receberia Gibraltar e demais possessões e que a Portugal seria confirmada a posse dos territórios entre os rios Amazonas e Oiapoque. No ano seguinte assinou-se o Tratado de *Rastatt*, uma vez que o Imperador havia prolongado a guerra, e recebeu os Países Baixos do Sul, assim como Nápoles, a Sardenha e o Milanado.

Porém, em efectivo, os franceses venceram também a Guerra de Sucessão Espanhola. Por isso, ainda hoje, o Rei Juan Carlos (n. 1938) que se senta no trono de Espanha é um descendente e membro da dinastia Bourbon.

Antes de se passar à análise dos assuntos relativos ao Império Otomano, reveste-se de alguma pertinência a abordagem à História económica dos séculos XVII-XVIII.

Tratou-se da doutrina económica tomada pelos países europeus que assentava, num dos seus fundamentos, na intervenção do Estado na vida económica, daí que "o mercantilismo e o nacionalismo [andem] de mãos dadas" (Lara, 2007: 580).

Note-se que, nesta perspectiva económica, apesar de ser a França a segurar as rédeas do poder europeu, não se pode diminuir o papel das Províncias Unidas nesta época, enquanto centro da economia-mundo fixado em Amesterdão – isto se bem que num mercantilismo com outros contornos, como se passará a diferenciar.

A sua directiva mercantilista é comercial e visou, nos negócios, a instalação dos holandeses entre os produtores indígenas e os compradores externos. Um golpe de génio que lhes permitiu erguer um poderoso edifício económico que arruinou as supremacias portuguesa e espanhola.

Com uma agricultura, indústria e comércio extremamente avançados, este era o país da tolerância religiosa, da abertura cultural, um grande alvo da imigração, enfim, o espaço da Burguesia que olhava de esguelha para a Aristocracia. O capitalismo comercial e financeiro, raiz do *capitalismo desregrado* que se viria a revelar mais tarde, nasceu aqui, entre a primeira Bolsa Financeira do Mundo e o Banco de Transferências de Amesterdão.

O caso francês, por seu lado, é bastante distinto, erguendo-se sobretudo num segmento de tipo industrial. A máxima seria: "importar o mínimo e exportar o máximo", tendo-se para isso preparado um correcto abastecimento do país com matérias-primas, assegurado uma mão-de-obra qualificada e tornado obrigatório o trabalho regular. O proteccionismo dá as cartas neste sistema, isto é, o Estado protege o mercado interno da concorrência externa.

Nesta base, Colbert fundou manufacturas de tecidos finos, rendas, espelhos, tapetes, desenvolveu o trabalho do ferro e do aço, fomentou o comércio externo e as relações comerciais com as colónias francesas. Uma verdadeira política de engrandecimento da França, baseada na ideia de que era preciso acumular riqueza, ou seja, ouro nos cofres do Estado. Logicamente e por conseguinte, para o obter, era preciso vender e era impossível vender sem antes produzir.

No caso inglês, encontra-se um mercantilismo comercial mais próximo daqueloutro das Províncias Unidas. O Estado limitou-se a libertar as matérias-primas de encargos e entregou parte do comércio externo a privados – um bom exemplo da oligarquia, liberalismo e capitalismo tradicionais dos Ingleses. Os famosos *Actos de Navegação* do ditador Cromwell (1599-1658) restringiam a liberdade dos navios estrangeiros em comerciar com os portos da Inglaterra, sendo que os produtos tinham de ser transportados em navios ingleses. Evidentemente, esta medida favoreceu um estupendo crescimento da marinha mercante e fomentou a expansão colonial inglesa, dando-se mais um passo para o que seria, mais tarde, a hegemonia mundial britânica.

No que se refere a Espanha, foram introduzidas normas de mercantilismo bulionista, ou seja, privilegiar a acumulação de metais preciosos (ouro e prata), proibindo-se a saída para o estrangeiro de moedas e objectos feitos desses metais e regulamentando-se os câmbios com o mesmo objectivo.

Portugal, por seu lado, teve um ensaio mercantilista de pouco fôlego com o Conde da Torre e o Conde da Ericeira que incentivaram e protegeram as indústrias, apoiaram o comércio e criaram novas companhias monopolistas, desvalorizaram a moeda para dinamizar as exportações e restringiram as importações, entre outros aspectos. Contudo, o desastroso Tratado de *Methuen* assinado em 1703, por D. Pedro II, destruiu estes já fracos ímpetos de desenvolvimento e entregou o país ao atraso no progresso manufactureiro.

Quanto ao *Reich*, a situação era diferente de todos os casos descritos. Conhecedora da descentralização do poder imperial e da sua quebra após a Guerra dos Trinta anos, a dinastia Habsburger não conseguiu levar a cabo uma política económica mercantilista uniformizadora para todo o *Reich*. Porquanto, apenas os Estados por si, ou seja, a Aristocracia germânica podia tomar essa iniciativa. Um bom exemplo foi Friedrich II. que fez da economia prussiana a mais rígida, disciplinada, talvez a mais regrada de toda a Europa.

Mas, retomando-se o leque de inimigos do *Reich*, não se pode obliterar o Império Otomano.

Tal como já se frisou, a luta do Sacro Império Romano-Germânico contra o Império Otomano, ou seja, contra o Islão militar, foi cíclica.

Permanecendo em defesa militar, ou passando à ofensiva, estabelecendo alianças militares ou procurando entendimento diplomático, sempre a Germânia procurou não sucumbir perante os infiéis e assim proteger a Europa Cristã.

Segundo o que se descreve, o último *Kaiser* que se abordou nesta temática foi Karl V. e a sua luta para dissipar o cerco a Wien que os turcos levaram infrutiferamente a cabo em 1529. Posteriormente, o *Kaiser* Leopold I. assinara paz com o braço armado do Islão em

1664, mas o exército Otomano, com um ambicioso homem à sua frente, Kara-Mustafá (1634-1683) decidiu marchar com milhares de homens, mais uma vez, em direcção a Wien (Zierer, 1981: 48).

Por seu lado, a Europa, angustiada, assistia a estas movimentações militares dos muçulmanos que visavam, como sempre, destruir os pilares da Cristandade, e desta feita um dos mais importantes. O Papa Inocêncio XI (1611-1689) apelou, então, a toda a *Cristandade* (se se pode usar o termo, rachado pela Reforma Protestante) para que se auxiliassem os povos germânicos, a fim de se obter vitória sobre o invasor, ao que Louis XIV, satisfeito perante a possibilidade de enfraquecer ou arrasar o poder do *Reich* já tão fragilizado, terá respondido ao apelo do Sumo Pontífice que «as cruzadas estavam fora de moda» (Lopes e Martins, 2006: 15).

O *Kurfürst* da Baviera e o Rei da Comunidade Polaco-Lituana ofereceram seus préstimos e formou-se uma frente cristã contra os turcos Otomanos. E, com efeito, os Otomanos voltaram a sucumbir perante a majestade da cidade imperial, desta feita, nesse ano de 1683. Mais, em 1688 os turcos Otomanos haveriam de se render em Belgrado e assim esta cidade-chave do baixo Danúbio subordinar-se-ia, também ela e por certo tempo, ao *Reich*.

Três anos depois, até mesmo o *Kurfürst* do Brandeburgo que assinara tratados com a França, se poria com hombridade ao lado do seu *Kaiser*, isto porque Friedrich Wilhelm I. (1620-1688) também não perdoara a Louis XIV a perseguição aos protestantes, derivada da revogação do Édito de Nantes (1685).

A derrota dos Otomanos na Batalha de *Wien* (1683) abriu também caminho para que se retomassem os laços do *Reich* com a Hungria, agora liberta da opressão por aquelas tropas.

Antes, porém, de se tratar da extensão do poder germânico pela Hungria, importa olhar para lá do Canal da Mancha, onde curioso episódio ligado ao *Reich* teve lugar.

Tendo Leopold I. atribuído a Ernst August (1629-1698), *Herzog* de Braunschweig-Lüneburg, o título de Eleitor de Hannover, criando assim o Ducado de Hannover e concomitante Eleitorado de Hannover (1692) alargou o corpo dos *Kurfürsten*. Esta medida do

_Kaiser_ foi, com efeito, uma consequência directa da obra militar do Duque que havia unificado, sob seu comando, inúmeros territórios do noroeste da Germânia, transformando essas terras, em suma, num feudo hereditário para os filhos-varão da Casa de Hannover.

Neste seguimento, Georg von Hannover (1660-1727) filho de Ernst August e descendente de James I de Inglaterra (1566-1625) da dinastia Stuart pelo lado materno, será escolhido pelo parlamento inglês para Rei de Inglaterra, a fim de suceder à Rainha Anne (1665-1714). E foi assim que esta mesma família germânica ascendeu ao trono britânico e ainda hoje lá permanece.

Na época, completamente estranho ao país em que reinava, o agora _George I_ não falava inglês nem entendia as excentricidades daquele povo. Rodeando-se de aventureiros e homens de cultura alemães (Georg Friedrich Händel (1685-1759) estava entre eles), o seu coração estava em Hannover, por isso fez o que qualquer aristocrata germânico provavelmente faria naquelas circunstâncias: recusou-se a exercer direito de veto legislativo e nunca se atreveu a escolher ministros que não tivessem o apoio da maioria, chegando mesmo a nem sequer se molestar a ir assistir às reuniões governativas. Para os Ingleses, amantes do liberalismo e da democracia – ideias nascidas na sua pátria – não lhes podia ter calhado melhor Rei.

Regressando à Europa Central, o _Reich_ estendia também o seu poder. Após 1683, o _Kaiser_ re-anexa os territórios da Hungria, perdida temporariamente. Em verdadeiro rigor, a data definitiva do regresso da Hungria Real ao _Reich_ seria 1699 com o Tratado de _Karlowitz_, que representa em suma a derradeira vitória do Sacro Império Romano-Germânico, e com ele da Europa Cristã, sobre o Império Otomano, vulgo, sobre o Islão armado.

Seria a partir dessa data que se iniciaria uma época de grande e extraordinário desenvolvimento, tendo em conta que, até então, o governo do _Kaiser_ pouco tinha acrescentado.

De facto, com Leopold I., assistiu-se ao nascimento da influência da Áustria, dentro da esvaziada autoridade imperial, pois a grande burocracia subsistente: _Conselho Secreto, Conselho de Guerra,_ múltiplas chancelarias, múltiplas dietas, etc. não davam qualquer espaço ao Imperador para que se centralizasse o poder dentro da estrutura do *Reich*, o que resultou na centralização do poder na própria Áustria. Com feito, desencadeou-se uma etapa caracterizada pela posição central que Wien assumiria, desde esse tempo, enquanto: sede do governo, símbolo de Estado, capital oficial do *Reich* (papéis simbólicos dos Palácios de *Hofburg* e *Schönbrunn*), atracção da Aristocracia da Europa Central, pólo de comércio no Danúbio e local de projecção de um barroco germânico muito típico. Tudo isto acompanhado por algum crescimento demográfico que permitiria, inolvidavelmente, o processo de germanização em territórios que estivessem afastados do *Reich*.

Neste aspecto, Joseph I. (1678-1711), mais eficiente que seu pai (Leopold I.), suprimiu as revoltas na Hungria e com a paz de *Szatmar* (1711) ocupou-se de promover um procedimento para a germanização da Hungria (re-)integrando-a definitivamente no *Reich*, avançando-se para criar bases do que viria a constituir-se, mais tarde, no Império Austro-Húngaro. Aliás, todo o século XVIII testemunhará a reconstrução da Hungria, integrada num processo de colonização germânica que se estendeu por áreas húngaras e que são hoje romenas, eslovacas e até sérvias.

O seu sucessor, Karl VI. imporia a *Pragmática Sanção* (1713) que, para além de assegurar os direitos da sua filha ao trono, garantia a indivisibilidade dos territórios da dinastia Habsburger.

Como se apontou o Tratado de *Rastatt* reconhecia ao Sacro Império o Milanado e os Países Baixos entre outras possessões, portanto o *Kaiser* empenhou-se em estender poder por eles, deixando a Áustria num curto intervalo de tempo, até à retoma, nível do seu recrudescimento de poder.

## 4.4) O [re]despontar da Prússia

Na sequência da secularização descrita, o Ducado da Prússia passou, no início do século XVII (1618), em pleno tempo de Johann Sigismund von Hohenzollern (1572-1619), a parte integrante do *Mark Brandenburg*. Mais tarde, tendo recebido, pelos Tratados de

Vestefália, a Pomerânia Ocidental, pode observar-se, enfim, a relativa vastidão do território (o segundo maior no *Reich*, logo atrás do território dos Habsburg), mas não menos a sua heterogeneidade e dispersão.

O *Grande Eleitor*, Friedrich Wilhelm von Hohenzollern (1620-1688) ocupou-se em centralizar este espaço heterogéneo, dotando-o de uma administração fluida e hierarquizada que permitisse um governo capaz e eficiente instalado em Berlin. Neste âmbito, uniformizou as vias de transporte entre o Ducado da Prússia e o Eleitorado e mandou o exército intervir para subjugar a burguesia e a própria nobreza.

Comandante de renome, foi, por outro lado, um homem tolerante e recebeu nos seus domínios os huguenotes, que Louis XIV expulsara de França. Foi um golpe decisivo, pois assim dotou o seu território com uma base técnica e industrial superior, uma vez que os huguenotes eram exímios na produção com qualidade.

A Prússia, como se conheceu até à sua extinção em 1947, começara a nascer enquanto Estado moderno.

Esta prosperidade económica, organização política e excelente comando militar permitiram ao filho do *Grande Eleitor*, Friedrich III. (1657-1713), auxiliar o *Kaiser* na Guerra de Sucessão Espanhola. Esta ajuda, por sua vez, foi o passo decisivo para que o *Kaiser* Leopold I. permitisse ao simultaneamente *Markgraf von Brandenburg* e Duque da Prússia alcançar o título de Rei, graça que, dentro das fronteiras do *Reich*, apenas o Soberano da Boémia auferia.

Vistas as dificuldades ultrapassadas, no dia 18 de Janeiro de 1701, na outrora magnífica cidade de Königsberg e rodeado de um ambiente faustoso, Friedrich III. de Hohenzollern auto-coroa-se *König in Preußen* [*"Rei na Prússia"*] com o título de Friedrich I., acto levado a cabo na capela do Palácio Real (como já se frisou, edifício demolido pelos russos no pós-II Guerra Mundial).

De resto, *"Rei na Prússia"* porque Friedrich I. não pretendia desafiar o Imperador Germânico e diminuir-lhe o seu poder em território prussiano. Apenas com o seu neto Friedrich II., como observará adiante, se assumiu o título *König von Preußen* [Rei "da" Prússia], mas isto apenas no período da *Aufklärung* e após estar sanada a questão da Prússia Real, antes vassala da Comunidade Polaco-Lituana, com a partição desta.

## 4.5) A Guerra de Sucessão pelo trono do *Reich* (1740-1748)

Em 1733 – data da morte de August, *Kurfürst* da Saxónia e Rei da Comunidade Polaco-Lituana como August II. – começa a Guerra de Sucessão naquele território (1733/38).

De facto, tratou-se de um conflito em que potências estrangeiras apoiaram um de dois pretendentes: Estanislau Lesczynski, sogro de Louis XV de França e August III. da Saxónia, sobrinho do *Kaiser* Karl VI. O primeiro, apoiado pela França, Baviera, Ducado de Sabóia e Espanha, acabou por perder para o segundo que contava com a ajuda do Império Russo e do *Reich*, bem como da própria Saxónia. Com a Paz de *Wien* (1738) instalou-se no trono daquela que se chamava a Comunidade Polaco-Lituana (ou República das Duas Nações) (1569/1791), extensa, mas efémera, faixa territorial do Mar Báltico ao sul do que é hoje a Ucrânia.

A este conflito, seguiu-se outro e de maior monta: a *Guerra de Sucessão Austríaca* (1740-1748). Impropriamente assim chamada, esta guerra foi, em rigor e indiscutivelmente, a guerra travada pela sucessão do trono germânico, ou seja, a disputa para cingir a coroa de Otto I. e não a coroa da Áustria.

Mencionada a Pragmática Sanção (1713) promulgada pelo Imperador Karl VI., que visava entre outros, a garantia de que sua filha Maria-Theresia (1717-1780) ascenderia ao trono após a sua morte, quando esta adveio, em 1740, o *Kurfürst* da Baviera, casado com Maria Amalia filha do *Kaiser* Joseph I. e ele-próprio descendente directo de uma filha de Ferdinand I., não respeitou o documento e achou-se no direito de ocupar o trono do *Reich*.

Efectivamente, quando se estudaram e expuseram os primórdios da dinastia Wittelsbacher e do seu governo para a Baviera, aludiu-se que a sucessão germânica dos Habsburg seria interrompida por um curto período. Pois bem, sentou-se no trono do *Reich* Karl VII. (1697-1745) von Bayern, entre os anos de 1742 e 1745.

Por seu lado, e no meio da guerra, Friedrich II. (1712-1786) da Prússia aproveitou-se da confusão e invadiu e anexou a Silésia, rica região em volta do rio Oder, retirando-a do domínio da Casa de Habsburg, tirando partido dos ataques sofridos na Boémia e na Áustria, ofensivas das tropas da Saxónia e da Baviera. Por seu lado, as tropas francesas juntaram-se ao conflito contra a pretendente dos Habsburg.

Todavia, Maria-Theresia contou com o apoio das Províncias Unidas, de Inglaterra e da Hungria. Venceu a guerra e com a Paz de *Aachen* (1748), adiante retomada, senta-se definitivamente no trono do *Reich*.

Contudo, os dados estavam lançados para a rivalidade Habsburg-Hohenzollern. De facto, embora Maria-Theresia tivesse saído vitoriosa, o grande beneficiado foi Friedrich II. com mais território e mais poder.

Maria-Theresia sucedeu, ainda durante a guerra, a Karl VII., não obstante o facto de ter sido seu marido, Franz von Lothringen (1708-1765), o eleito pela Dieta Imperial. Note-se que é uma autêntica novidade: a primeira (e a única) senhora a herdar o poder criado por Karl *der Große*. O seu governo enérgico e tenaz – e foi realmente seu e não do *Kaiser* Franz I. – pautou-se pelo engrossamento do exército, pela centralização política, pela reforma da economia e preocupação pela educação geral.

## 4.6) O Despotismo Esclarecido

Antes de mais, tenha-se em conta o ambiente do século XVIII. Cuida-se do século do nascimento da Maçonaria e das ideias do Iluminismo, produtos liberais dos ingleses copiadíssimos pelos franceses, a serem varridos nas páginas seguintes.

No concernente às disputas austro-prussianas, já se descreveu como Friedrich II. anexou à Prússia territórios que pertenciam ao governo imperial. De facto, a Prússia deste Rei não era geopoliticamente a Prússia de Friedrich I. que respeitava o *Kaiser*. Pelo contrário, Friedrich II. de tudo fez para enfraquecer a *Kaiserin* e se nunca conseguiu governar o *Reich*, pelo menos colocou o seu país na posição de potência regional.

Recuando alguns anos e explicando o percurso, a Prússia do século XVIII testemunharia, depois de Friedrich I., a sucessão para seu filho Friedrich Wilhelm I. (1688-1740) *Der Soldatenkönig* [O Rei-Soldado]. E tão bom soldado como agricultor, pois mandou colonizar e lavrar as terras da Prússia, melhorando também o nível do artesanato e da manufactura têxtil, proibindo importações e estimulando o mercado interno. Este Rei duro e esplêndido nutria um enorme ardor pelo trabalho e não admitia preguiças. Conta-se até que, quando saía do seu Palácio, das ruas de Berlin desapareciam imediatamente todos os mendigos e marginais, enquanto aqueles que trabalhavam, logo punham mais energia e afinco para que o Rei ao passar visse. Um grande exemplo de diligência a copiar por tantos povos decadentes e ociosos.

Friedrich Wilhelm I. educou os seus súbditos prussianos na disciplina, na ordem e na obediência, sistematica e abundantemente, implementando até castigos bastante severos. Austero, sustentava uma corte muito simples, liberta de frivolidades e gastos supérfluos. Fora precisamente nesta corte que o seu sucessor e filho Friedrich II. *der Große* nasceu e cresceu.

No período da *Aufklärung*, lembra-se que a única monarquia *limitada* (à falta de termo mais feliz) que se encontra na Europa é a inglesa, isto porque, depois de cortarem a cabeça ao Rei Charles I (1600-1649), os ingleses, seguindo o seu Locke (1632-1704), prepararam-se para prosseguir na evolução do seu sistema político, nas linhas do seu reformismo democrático, empirista e contratualista.

Quanto ao *mainstream* do pensamento político desta época, basear-se-á o Despotismo Esclarecido na tentativa de o Absolutismo Régio, áureo no século XVII, se adaptar aos novos tempos das Luzes. Porquanto, o nome do monarca que talvez encarnara com maior proximidade este ideal fora Friedrich II. da Prússia (Ritter,

1954).

Amante do francês arcaico que os huguenotes haviam levado para o Brandeburgo – quando o seu antecessor Friedrich Wilhelm, o *Grande Eleitor*, os recebera de braços abertos, protegendo-os de Louis XIV – o mais famoso dos Reis da Prússia foi, nessa lógica de conjugar Absolutismo/Iluminismo, capaz de se fender em duas realidades distintas: i) aquela realidade da correspondência com os intelectuais do Iluminismo e do pensamento cosmopolita e pré-democrático entre os quais se conta Voltaire (1694-1778); ii) uma outra realidade, bem fundeada numa estratégia realista da política, enquadrada ferreamente nas tradições do militarismo prussiano e visão calculista, a fim de proteger os interesses da sua monarquia, já sólida na fórmula "Rei da Prússia".

Em nosso entender, esta ambivalência do Rei seria apenas aparente e não seria, de todo, difícil adivinhar qual das duas, a faceta dominante: certamente a segunda, até porque de acordo com Friedrich II., o monarca concentrava em si todo o poder (lógica absolutista), mas com ele também toda a responsabilidade (desta, a lógica iluminista). Com efeito, representou o papel de um maquiavelista puro, sem embargo ter escrito o *Anti-Maquiavel* (1734). Não obstante dirigir o seu Estado com pulso de ferro e entender que o Soberano deve prestar contas ao seu povo, não prestando no final contas nenhumas, a tolerância como dado oficial é notória, seja ao nível da liberdade de opinião ou de opções espirituais ou até no aperfeiçoamento do direito penal.

De notar é ainda o *Allgemeines Landrecht* [Código Civil prussiano] de 1794 totalmente pensado por este monarca prussiano, bem como o seu papel no fomento da floresta, no impulsionamento da drenagem de pântanos, na renovação das indústrias, na criação de outras. A reparação, em suma, dos estragos da Guerra dos Sete Anos e os melhoramentos do país. Uma administração extraordinária do Estado.

No âmbito da educação, também Friedrich II. seguiu as pisadas de seu pai – multiplicou as escolas públicas e assim animou a vida rural prussiana. Os professores universitários abandonaram o latim e passaram a escrever em alemão e a época foi dourada: o filósofo Kant (1724-1804) e o filósofo Herder (20), [Goethe (1749-1832), Schiller (1759-1805)]. Tempos do *Sturm und Drang* [tempestade e ímpeto] (Fricke e Klotz, 1971) movimento literário romântico alemão, reaccionário ao classicismo francês e ao iluminismo racionalista inglês.

Quando *o Grande* Rei da Prússia faleceu, a Europa testemunhou a herança do exército mais poderoso que nela existia, todo ele submetido ao poder da alta aristocracia prussiana e ao seu duro regime. Só uma base deste calibre poderia vir a criar um Império que, indubitavelmente, nascerá.

O despotismo esclarecido atingiu, da mesma maneira, a Coroa do *Reich*. Com efeito, seguir-se-ia o governo do *Kaiser* Joseph II. (1741-1790) que sucedera a sua mãe, e que, na dinâmica da filosofia política vigente, se entreteve em criar atritos: irritou a Igreja Católica pela excessiva intervenção das políticas imperiais na religião, indispôs os nobres com o seu zelo para com os camponeses, e estes desagradam-se com o seu *Kaiser* porque esse zelo implicou o pagamento de mais impostos e o serviço militar obrigatório.

Porém o grande aspecto que marcou este Imperador foi, sem dúvida, a sua política religiosa que ficou conhecida de *Josefismo,* ou como lhe chamou Pierrard (2002: 278): "«catolicismo esclarecido»", um conjunto doutrinário que visou, baseado numa revisão geral dos estudos teológicos, o aperfeiçoamento na formação dos padres, fortalecimento do nível cultural do povo de Deus, em suma, uma reacção ao barroco da Contra-Reforma.

Se Joseph II. cumpriu o programa comum dos Imperadores Germânicos: centralizar a autoridade imperial, diminuir o poder dos nobres aumentando a burocratização, cuidar e proteger o mercado interno, melhorar a indústria e as vias de transporte; pode, por outro lado, ser considerado como um agitador do corte à Tradição, isto porque sendo um acérrimo defensor do racionalismo e pouco ligado à religião, procurou submetê-la à ". . .autoridade do Estado. . ." (Corvisier, 1976: 419), uma espécie de "cesaropapismo" (Corvisier, 1976: 420). Por outro lado, deixou de discriminar os Judeus e possibilitou que acedessem à Universidade, instituindo a liberdade de culto e travando a lógica da *catolicização*.

Uma das suas grandes iniciativas foi o ensino primário tornado obrigatório em 1773 (21).

E para além de tudo o que se explanou, o reinado do *Kaiser* Joseph II. ficou ainda marcado pela vida daquele que é considerado por muitos, o melhor e mais perfeito compositor de todos os tempos: Johann Chrysostomus Wolfgang Amadeus Mozart (1756-1791).

Poderoso e influente músico, Mozart, bastante afecto à Igreja Católica (as suas composições para missas são majestosas) era também um crítico da sociedade em que vivia: em *Le Nozze di Figaro* condena-se o Conde Almaviva que quer restabelecer o direito do nobre em possuir a serva antes da noite de núpcias daquela pobre; em *Don Giovanni* o protagonista é sorvido pelas chamas do Inferno, resultado da sua vida ímpia, libidinosa e devassa. Isto entre tantos outros exemplos da crítica social. Deste modo, a este grande compositor fica rendida a homenagem da Europa e do Mundo, pelo seu contributo germânico às artes, com ensinamentos morais e religiosos, mas também políticos nos quais, para além da liberdade, deve ser consagrado e garantido o poder imperial e o respeito devido à sua autoridade legítima.

Regressando à questão da Paz de *Aachen* (1748) há pouco mencionada, diga-se de passagem que esta não foi de todo do agrado da França que saíra abalada da guerra, nem do *Reich* que perdera a Silésia para a monarquia prussiana.

Noutra perspectiva, a rivalidade colonial entre França e Inglaterra levou ao começo da luta no continente americano, algo que depressa chegaria à Europa: trata-se da Guerra dos Sete Anos (1756-1763) que opôs a França e seus aliados (*Reich* e Rússia) à Inglaterra que contava com o apoio da Prússia – e assim, mais uma vez, se arranjarão elementos para acicatar a rivalidade austro-prussiana.

Nestas circunstâncias, Louis XV propôs o Pacto de Família (1761) que devia reunir todos os ramos de Bourbon, isto é, França, Espanha e Portugal (el-Rei D. José I era casado com D. Mariana Vitória de Bourbon, filha de Felipe V de Espanha) na luta contra o inimigo. Em virtude da antiga *aliança* com Inglaterra, Portugal não aderiu ao Pacto de Família, pelo que forças francesas e espanholas invadiram Portugal, repelidas por um general famoso que será tratado adiante.

Da Guerra dos Sete Anos, a França sai como a grande derrotada. O Tratado de *Paris*, que coloca fim ao conflito, em 1763, pune a França e, em detrimento, a Inglaterra emerge como potência europeia, chegando mais tarde a temível potência mundial. Triunfou no continente o «balance of power» o projecto inglês de evitar que o *Reich* ou outro poder na Europa sejam hegemónicos e predominantes.

Por seu lado, como vingança do seu próprio esvaziamento de poder (e entrega do Canadá a Inglaterra), a França apoiará os EUA na sua guerra pela independência, contra Inglaterra, e foi nesta linha que o país do Novo Mundo viria a receber, como oferta francesa, a *Estátua da Liberdade* para a sua hoje famosa cidade: New York.

Ainda neste século XVIII sobre o qual a análise se debruça, escreve-se mais uma história nas páginas do segmento luso-germânico. Recordando o valoroso contributo do *Herzog* von Schomberg para o Reino de Portugal e para o seu Exército, segue-se, na sua esteira, o papel de outro grande general germânico, de seu nome *Graf* Wilhelm Friedrich Ernst zu Schaumburg-Lippe.

Encontrando-se o nosso país ". . .de novo numa situação militar desesperada" (Daehnhardt, 2002: 75) el-Rei D. José, ou melhor, o Marquês de Pombal, entendeu fazer do conjunto de soldados indisciplinados, ladrões, rotos, sujos (porque o pagamento devido não lhes chegava) que era o suposto Exército português, uma unidade de combate.

Político exigente e militar de notável capacidade técnica, este aristocrata germânico reorganizou a força militar Portuguesa e incutiu nas tropas lusas a disciplina prussiana de Friedrich *der Große* – demitia quem cheirasse a vinho e quem não soubesse abotoar a farda (Daehnhardt, 2000: 54). Comandou as operações militares contra as forças francesas e espanholas que invadiam o nosso país – ou servia somente como elemento dissuasor – e mandou recuperar e construir algumas fortificações nas nossas fronteiras. Chefe carismático, os soldados seguiam-no porque viam nele a autoridade, a energia e o vigor do comandante militar que os guiaria até à vitória

Por tudo isto, ainda hoje o Regimento de Infantaria 1 ostenta o brasão do Conde de Lippe e é também com mérito que a sua esfinge foi gravada na parte oriental do monumento ao Marquês de Pombal, em Lisboa.

## 4.7) A absorção da Polónia

Intervindo a seu bel-prazer no governo da "Polónia", a imperatriz russa Catarina II conseguiu fazer eleger o seu protegido Estanislau Poniatowski (1732-1798), gerando-se uma confusão inusual, até mesmo para uma política anárquica como era a polaca-lituana.

Nestas circunstâncias de enfraquecimento, Friedrich II. propôs ao Império Russo e ao *Reich* a partilha de parte da Polónia. Corria o ano de 1772 e nele o *Reich* se estendeu pela Galícia Oriental, enquanto a Prússia recebeu o corredor de passagem entre o território da Prússia Oriental e a Pomerânia, e o Império Russo anexou a chamada *Rússia Branca*.

Em 1793 ocorreu nova partilha cabendo à Prússia e ao Império Russo grandes parcelas territoriais.

Por último, no ano de 1795 a Polónia desapareceu completamente do mapa da Europa, dividida novamente entre a Prússia, o *Reich* e a Rússia.

Viria apenas a ser restaurada em 1919, no rescaldo da I Guerra Mundial, no intuito francês e inglês de cortar poder à Germânia e concomitantemente à Rússia, criando o famoso *cordon sanitaire* entre os dois países impedindo uma fronteira comum, mas sob o argumento de se restaurar um país injustiçado. De resto, nessa linha, Napoleão ressuscitaria também uma pequena "Polónia" por meio do Ducado de Varsóvia, rapidamente suprimido após a sua derrota total.

# Capítulo 5) A ruína do *Reich*: dissolução tendo em vista o ressurgimento

## 5.1) Os Franceses e a sua Revolução

Naqueles tempos do Iluminismo e da Maçonaria, da apologia da Razão e das teses do optimismo antropológico, do contracto social e do Rei não como representante de Deus na Terra, mas como representante da vontade do povo e seu instrumento, a marca mais vincada é a da influência inglesa. E mormente a influência inglesa no *apetite* em matar o Rei.

A noção burguesa oligárquica dos Direitos do Cidadão (e depois do Homem), a novidade do princípio da separação de poderes, a secularização, as ideias de «liberdade» e de fraternidade, até mesmo a teoria – à revelia de séculos de tradição política e doutrina católica – de que o poder emana do povo e não directamente de Deus – tudo vem em catadupa, como uma avalanche violenta.

Mesmo na economia, a acção inglesa ditou a Europa como se comportar: as teses de Adam Smith (1723-1790) nasceram no século XVIII. Com efeito, vale a pena um sucinto apontamento sobre o liberalismo económico.

Doutrina económica que implanta a ausência de barreiras à circulação de mercadorias e capitais, o liberalismo é, assim, a doutrina económica do *«laisser faire, laisser passer»*. Diametralmente oposto ao mercantilismo, este sistema pretende eliminar a intervenção do Estado na vida económica e substituir esse mesmo Estado pela iniciativa privada, concretizando assim em pleno, o capitalismo. Numa palavra, é a visão da economia pela Burguesia.

Ingressando o discurso na Revolução Francesa, iniciada em 1789, podem identificar-se várias causas entrepostas que estiveram na sua origem: causas económicas –uma agricultura atrasada, grandes propriedades na mão do clero e da nobreza, indústria ultrapassada, comércio interno sufocado por barreiras alfandegárias, más colheitas e fome subsequente; causas sociais – pela elevada hierarquização numa sociedade trinitária organizada por estamentos (Clero, Nobreza e Terceiro Estado); causas políticas – pela decadente monarquia francesa e o seu alto *déficit* derivado da ajuda francesa à guerra da independência dos EUA, do luxo da corte, das rendas à nobreza e, como consequência, o aumento exponencial dos impostos para sustentar tudo isso; e causas doutrinárias/ideológicas – pelas linhas que se descreveram acima.

O clima geral para a monarquia absoluta francesa era, portanto, *ab-solutamente* adverso: nos cafés, nos salões, nos sociedades de leitura, nos círculos maçons, a maioria da *élite* criticava a ordem da Tradição e os privilégios subsistentes, inclusive parte da Nobreza – Nobreza essa que se viria a arrepender, algum tempo depois, das críticas que tecera, isto quando estava já na guilhotina, a escassos minutos de a lâmina lhes cair sobre o pescoço e lhes cortar a cabeça, para gozo e regozijo da excitada turba francesa.

Por ora, o Rei Louis XVI (1754-1793) ainda com a cabeça em cima dos ombros e monarca absoluto da França, tratou de reunir os Estados Gerais. Contudo, na altura das votações, os representantes do Terceiro Estado (96% da população), afirmaram-se como *Assembleia Nacional*. Estava-se em 1789 e começara a Revolução Francesa.

O monarca, homem débil e político ainda mais fraco, aceitou estas demandas dos revolucionários e ordenou que a Nobreza e o Clero se reunissem na Assembleia Nacional, pervertendo a tradição das reuniões dos Estados Gerais em salas separadas.

No dia 9 de Julho de 1789, a Assembleia Nacional declara-se *Assembleia Constituinte* e decreta que é a ela – e apenas a ela – que cabe interpretar a vontade da Nação. Terminara o *Ancien Régime* em França.

Estas movimentações da *élite da Burguesia* (a par da passividade da maioria da caduca Aristocracia francesa, totalmente domesticada, que foi incapaz de agir) vão incitar as massas à violência e daqui se vê que a lógica de comando e de influência se materializa «de cima para baixo» e não «de baixo para cima» (Bessa, 1993). E assim é em todas as dinâmicas, mas particularmente nas dinâmicas da

Revolução. Com efeito, as massas são galvanizadas pelos discursos inflamados dos deputados burgueses e em magotes, dirigem-se para a Bastilha, símbolo da Monarquia Absoluta e dos privilégios feudais, que assaltam no dia 14 de Julho de 1789.

Foi o terror total: os camponeses armaram-se para fazer face aos nobres, as abadias e palácios foram incendiados, os documentos destruídos e os campos assolados. A Nobreza e o Clero foram perseguidos e ultrajados.

No ano de 1791 promulgou-se a primeira Constituição e o Rei dos Franceses – já não *Rei de França* – é humilhado e obrigado a jurá-la.

A Europa assiste, atónita, a esta tragédia clássica. A Prússia, o Império Russo e o *Reich,* que tratavam dos assuntos para a divisão da "Polónia" entre si, viraram os olhos para o Ocidente, observam os acontecimentos e concluíram mal que tudo se tratava de um mero acontecimento interno. Contudo, a pressão da nobreza francesa emigrada, faria inverter a situação.

Nessas circunstâncias, o irmão e sucessor de Joseph II., Leopold II. (1747-1792), reunido com o Rei da Prússia, Friedrich Wilhelm II. (1744-1797) (que sucedera ao tio Friedrich *der Große*) na Conferência de *Pillnitz* (1791) tratariam de condenar a França revolucionária e programar invadi-la militarmente. Seria a primeira manifestação política e (proto-)militar da *Reacção*. Louis XVI, totalmente desprovido de senso político, propõe à Assembleia Legislativa que se declarasse guerra ao *Reich* e ao seu soberano: Leopold II.

Um coligação de tropas prussianas e do *Reich* invadiram, então, a França e os plebeus acorreram a formar batalhões de voluntários para defender a sua pátria revolucionária, ao som estridente da "Marselhesa". Karl Wilhelm Ferdinand *Fürst* von Braunschweig-Wolfenbüttel (1735-1806) comandante das tropas invasoras, nesse ano de 1792, ameaçaria atacar Paris se os Franceses se atrevesse a atentar contra o seu Rei. A plebe incitada pela burguesia invadiu o Palácio das Tulherias, suspendeu o Rei das suas funções e nasceu, enfim, a Convenção Nacional – tudo isto sob acusação infundada de que o Rei colaborara com os invasores.

Verdun foi tomada pelas tropas germânicas. Os revolucionários, desesperados, massacram o Clero, saqueiam as igrejas e chacinam os presos políticos: é a «fraternidade» da Revolução.

Reunindo forças, a França invade os Países Baixos do Sul e entra em Bruxelas. A invasão germânica fica afastada e a República é proclamada. Com ela, o Rei como fantoche deixa efectivamente de ser necessário, aliás tornara-se um estorvo. Realizou-se, então, uma votação para decidir o futuro de Louis XVI e, com um voto a mais, vence uma maioria que exige ver correr o sangue real no cadafalso. Seguindo essa salutar lógica democrática, no dia 21 de Janeiro de 1793, as turbas francesas, sacudindo-se e revolvendo-se, ouvem o seu Rei afirmar: "«Morro inocente de todos os crimes de que me acusam. Perdoo aos autores da minha morte e peço a Deus que o sangue que ides derramar não caia nunca sobre a França!»" E deitou-se na guilhotina.

Estava-se no período do *Terror* em que perderam a vida milhares de pessoas e até se mudou o calendário, cortando com tudo o que vinha do passado. Só quando adveio o Directório, chegou certa acalmia.

Porém, em finais de 1793, a elite revolucionária dava estas simples ordens (Pinto, 1996: 59): "queimar as povoações, os castelos, as granjas, as casas, os moinhos, tudo o que possa servir de refúgio sustento ou recurso à população", "e matar toda a gente, homens mulheres e crianças". Ora aqui temos a lógica de destruição total de tudo e todos aqueles que se opusessem ou pensassem de maneira diferente. É possível, sem muito esforço, comparar esta histeria a certos regimes totalitários na Europa do século XX.

No seguimento do processo revolucionário, dá-se o golpe de estado 18 Brumário (1799), no qual Napoleão Bonaparte alcançou o poder. Promulgando-se nova Constituição (já se ia na 4ª), Bonaparte torna-se senhor do poder.

Militar brilhante, Napoleão, logo em 1801, obriga o *Kaiser* Franz II. (1768-1835) – que sucedera a seu pai Leopold II. em 1792 – a pedir paz, o que seria assinado em Lunéville, recebendo a França a margem esquerda do Reno, passando também a controlar o Norte de

Itália (territórios da Toscânia).

Em Maio de 1804, Bonaparte auto-coroa-se *Imperador dos Franceses*, dando início a algo que a Europa nunca vira: um império sem tradição e com um «francês» à cabeça, ainda por cima com a veleidade de se considerar herdeiro dos Imperadores Romanos e do próprio Karl *der Große* que era... germânico. Tamanha estranheza de feitos e ideias, tamanha confusão doutrinária, só poderia terminar com o envio de l'*Empereur des Français* para uma ilha do Atlântico Sul, a fim de poder meditar na vida, e ventilar com a dialéctica. No entanto, até isso acontecer, Bonaparte viraria toda a Europa do avesso.

Para findar este tema, resta abordar o impacto que as ideias revolucionárias tiveram no espaço germânico – e foi com esse intuito que atrás se descreveu a Revolução Francesa. Em verdade, as ideias da Revolução Francesa seriam completamente rejeitadas pelos povos germânicos.

Todavia, não se pode menosprezar ou obliterar que, numa fase inicial – e ainda que curta – alguma burguesia germânica se entusiasmou com a tríade da *Liberdade, Igualdade e Fraternidade*. A justificação é bastante simples: a impotência e humilhação da Burguesia – ou seja, da classe abastada e com poder económico do Terceiro Estado – perante a aristocracia germânica, esta detentora do poder político, seria elevada. Como se sabe (Dawson, 1941: 60):

> "não foi pelas liberdades populares, mas pelo seu engrandecimento pessoal e pela ambição de domínio, como autocratas nos seus diferentes reinos, que eles tinham mercadejado e conspirado, discutido e lutado com os sucessivos ocupantes do trono imperial",

i.e., a aristocracia germânica não enfraqueceu, durante séculos e séculos, a autoridade imperial para oferecer caridosamente a liberdade aos seus súbditos, mas antes para aumentar os seus próprios poderes e instalarem opressão nos seus *feudos*, pois a autoridade imperial, mais impessoal, era concomitantemente extensiva e *paternalista*. Logo, não se pode estranhar que, nos inícios e antes de prever o que iria acontecer ao *Reich* fruto desses ideais revolucionários, parte da burguesia germânica e em especial na região do Reno, olhasse com bonomia para a suposta melhoria da ordem social que iria cruzar o rio e chegar a si.

A História se encarregaria de demonstrar que as baionetas de Bonaparte chegariam para fazer a guerra e trazer a miséria, a humilhação e a desordem política: a Baviera, a Saxónia, Württemberg e Baden alistaram-se sob as ordens de Bonaparte nestas crenças, receberam novos títulos e estatutos, porém o preço da traição ao *Reich* foi demasiado caro – pelo menos, é nisso que se crê.

## 5.2) A influência de Napoleão Bonaparte

Napoleão Bonaparte é um verdadeiro símbolo do fracasso da diplomacia. Após o século XVIII, que fora o século da *revolução diplomática,* assistia-se agora apenas ao esmagamento militar e sem negociação – daí a caricatura que lhe desenha as feições com cadáveres (Zierer, 1980: 76).

O Bloqueio Continental fora a expressão da revolta francesa em não conseguir arrasar o Reino Unido, centro da Economia-Mundo, tendo já Londres substituído Amesterdão. E por causa da desobediência de Portugal a essa estratégia, e tentando em vão negociar, o nosso país haveria de sofrer três invasões.

Examine-se o papel de Bonaparte na subversão da Europa, na perspectiva das ofensivas militares da Europa reaccionária à França revolucionária – as Coligações:

1793 – 1ª Coligação: Sacro Império, Prússia, Sardenha, Espanha e até Inglaterra e Províncias Unidas, bem como demais países a que a Convenção tinha declarado guerra, movem-se contra a França. O grande animador foi o primeiro-ministro inglês William Pitt (1759-1806).

1799 – 2ª Coligação: Sacro Império (que em 1797 havia assinado um armistício com Napoleão, já então conceituado chefe militar e membro do directório, cedendo à França o território belga e a

Lombardia), Inglaterra, Império Russo e Turquia.

1805 – 3ª Coligação: a Inglaterra, completamente alarmada pela anexação e influência da França na Itália, nas Províncias Unidas, na Suíça e em vastas províncias do Sacro Império entre as quais se contam a Bélgica, a Lorena, etc. juntou-se ao *Reich* e ao Império Russo para mover nova guerra à França.

As forças militares do *Reich* aproveitariam para ocupar a Baviera e subirem ao Alto Danúbio enquanto julgavam Napoleão ocupado com a guerra marítima, na qual viria a perder a famosa Batalha *Trafalgar* (1805). Contudo, o comandante francês estava atento e derrotou o *Reich* na Batalha de *Ulm* (1805).

Cuida-se, nada menos, do princípio do fim do Sacro Império Romano-Germânico. Depois dessa derrota em Ulm, os povos germânicos observavam com espanto aquele francês que se instalara com despudor no Palácio *Schönbrunn* e se preparava para planear e desferir o derradeiro golpe.

E nasce o dia 2 de Dezembro de 1805. Os exércitos do *Reich*, comandados pelo próprio *Kaiser* Franz II., contavam com as forças do Imperador da Rússia também ele presente – 85 700 homens no total contra os 73 100 de que Napoleão dispunha. Trava-se a Batalha de *Austerlitz* em que a táctica de Bonaparte viria a esmagar as forças do *Reich* e, com elas, a própria construção imperial germânica que tinha exactamente 1005 anos – e não 21 meses como *l' Empire Français*.

Essa batalha inesquecível colocou fim à terceira coligação contra a França e até mesmo o emissário do Rei da Prússia que levava a declaração de guerra a Bonaparte, quando chegou ao campo de batalha e testemunhou a vitória francesa, guardou a declaração de guerra no bolso e cumprimentou o vencedor.

No dia 26 de Dezembro de 1805 (Karl *der Große* havia sido coroado a 25 de Dezembro de 800, relembre-se) a paz foi assinada em *Preßburg* [actual Bratislava]. A França anexou um grande número de territórios germânicos e o *Reich* foi obrigado a pagar avultada indemnização. Era o pôr-do-sol para o Sacro Império Romano-Germânico.

Assim, no dia 6 de Agosto de 1806, a estrutura do território multissecular do I. *Reich* – fundado por Karl *der Große*, restaurado por Otto *der Große*, mantido e renovado por sábios Imperadores como: Heinrich III., Friedrich I., Karl IV., Sigismund I., Maximilian I., Karl V., Ferdinand II., Karl VI. entre tantos outros, tudo isso de valor incalculável, herança cultural e bem político imenso – foi dissolvido pelo seu último *Kaiser* que se assumiu como o primeiro Imperador da Áustria. Efectivamente, ainda se estava em 1804, quando o *Kaiser* Franz II. se fizera coroar *Imperador da Áustria*, com o título de *Franz I.*

Deste modo, não obstante ter sido a destruição do *Reich* instigada por Bonaparte, dada a sua responsabilidade pela criação de tal conjuntura, o desaparecimento do *Reich* milenar foi uma decisão dura, porém, muito realista de Franz II., pois com essa iniciativa estóica da sua parte, a Bonaparte ficou completamente vedada a possibilidade de se apropriar da Coroa de Otto *der Große*, e claro de toda a deferência, legitimidade e poder que em torno dela paira e obriga. Assim, poderá entender-se que o *Kaiser* não terá sido *obrigado* por Bonaparte a dissolver o *Reich*, mas altivamente o destruiu para não ter de o oferecer a um usurpador. Se, em mil anos, nenhum monarca francês de sangue real se conseguiu sentar no trono da Germânia, não seria agora tal francês *jacobino* oriundo da Córsega a fazê-lo.

1806 – 4ª Coligação: a Prússia não se recolheu definitivamente após a derrota militar do *Reich* e declararia guerra à França. Nesse ano, com a Inglaterra e o Império Russo move-se mais um conflito contra França, mas a Prússia é derrotada na Batalha de *Jena* (1806) e Bonaparte entra em Berlin. Quantos aos russos são vencidos na Batalha de *Friedland* (1807). A paz é assinada em *Tilsit*, na Prússia Oriental, (1807) entre o Imperador Russo e Bonaparte, recebendo a França territórios do Reino da Prússia.

Senhor de toda a Europa, como se infere, Bonaparte decretou enfim o *Bloqueio Continental* para vencer a Inglaterra. Portugal não obedeceria em virtude da sua, mais nefasta que proveitosa, *aliança* com os Ingleses e seria humilhantemente invadido, sendo a Família

Real obrigada a recuar para o Brasil. A Espanha revoltou-se com o Rei imposto que, por sinal, era irmão de Bonaparte.

Estes eventos tiveram profundas consequências, nomeadamente a declaração da independência, entre outros, do Vice-Reino do Rio da Prata [Argentina] e do Vice-Reino da Nova Espanha [México] em 1810, eventos que viriam a criar o mesmo sentimento de independência no Brasil, com os resultados conhecidos. Mas ainda aproveitando o sentimento de revolta na Península Ibérica, os bravos portugueses e os espanhóis estimularam a criação, em:

1809 – 5ª Coligação: o recém-criado Império Austríaco dá nota de influente e boa táctica política e inflama revoltas no Tirol contra Bonaparte (nas quais os Franceses fuzilaram Hofer, o bravo caudilho do Tirol), bem como em demais estados. Aliando-se à Inglaterra, o Império Austríaco cria outra coligação que, no entanto, sairia derrotada da Batalha de *Wagram*, recebendo Bonaparte ainda mais possessões, desta feita, na Península Bizantina.

Sagazmente, o Imperador Franz I. tentou aproximação ao conquistador e casou-o com sua filha Marie-Louise (1791-1847), que chorou de ódio quando soube de tal destino (Zierer, 1981: 74). Contudo, essa medida não teria sido necessária, pois em breve Bonaparte seria esmagado pela Europa *Reaccionária*.

A Confederação do Reno [*Rheinbund*], criação de Bonaparte, fora criada em 1806 e veio a ser sacudida pelas próprias nações germânicas, em 1813, logo depois de Bonaparte ter sido derrotado pelo poder Russo (1812), e ainda antes do Congresso de *Wien* que viria a delinear uma outra instituição política que veio a *recolocar,* grosso modo, uma forma ressuscitada do *Reich* no xadrez europeu.

Quanto a essa Confederação do Reno, protectorado de Bonaparte, ocupava o espaço ocidental da Germânia e integrava estados como: os recém-criados Reino da Baviera, Reino da Saxónia, Reino de Württenberg e Reino de Vestefália, o Arcebispado de Mainz e o principado de Schaumburg-Lippe. A capital era Frankfurt, ultraje para a cidade que fora outrora local histórico para a coroação do *Kaiser* do I. *Reich.*

No que se referiu ao Império Austríaco (1806/1867) Franz I., que elevara o que tinha sido até então o arquiducado da Áustria a Império, desvincula-a da *Germânia setentrional*. A propósito, como última nota a este assunto e para melhor compreender a derrota da Prússia, muito importa explicar o contributo do Rei Friedrich Wilhelm II. (1744-1797).

Apesar de ter sido um Rei popular pois eliminou algum do *francesismo* huguenote do seu antecessor, fomentou o comércio, estimulou a censura em prol da defesa do cristianismo autêntico contra os iluministas, removeu alguns impostos, apoiou culturalmente a língua alemã; facto é que este monarca não se interessou pelos assuntos militares e pior que isso, não os compreendeu. A defesa nacional ficou descuidada e a disciplina militar fraquejou ignobilmente. Deixando estes assuntos à margem, assim se justifica o enfraquecimento momentâneo do Exército Prussiano que desembocou na Batalha de *Jena*, travada no reinado seguinte, no qual Friedrich Wilhelm III. (1770-1840) teve de se refugiar em Königsberg e só se manteve no poder graças à ajuda do Império Russo. Contudo o preço não seria apenas esse: a Prússia perdeu, por algum tempo, os territórios que tinha adquirido com a partilha da Polónia – pois Bonaparte criara o Grão-Ducado de Varsóvia (1807/1815) – e a Prússia foi, da mesma forma, condenada a pagar indemnizações à França.

O Congresso de *Wien* viria a restabelecer a ordem, baseando-a na lógica da Contra-Revolução. Contudo, até aí chegar, o que foi o *quasi* invencível território germânico teria de ser humilhado, difamado e derrotado militarmente.

# Título IV.
# *DEUTSCHER BUND*

## Capítulo 1) A reorganização da *Mitteleuropa:* o restaurar do *Reich* no novo tempo

### 1.1) O Congresso de *Wien*

Como se descreveu, Bonaparte continuava a somar vitórias e derrotara também a 5ª Coligação de 1809. Todavia, os poderosos ventos que redemoinharam em Austerlitz, agitando as forças telúricas em favor do imperador francês, soprariam agora da Rússia com novo vigor e num sentido completamente oposto.

No ano de 1810, o Czar Alexander I (1777-1825) decretou que não o cumpriria o *Bloqueio Continental*. Bonaparte, senhor da Europa e julgando-se certamente invencível, tendo na base o motivo do incumprimento russo ao *Bloqueio Continental*, a par de outros motivos – como a questão do Grão-Ducado de Varsóvia, contra o qual a Rússia se mostrava – decidiu invadir a Rússia.

Para o efeito, mobilizou até um máximo de 690 000 homens para o que a História viria a designar de Campanha da Rússia (1812) – algo que, decididamente, Hitler não haveria de prestar muita atenção. Entrando em solo russo, Bonaparte teria oportunidade de verificar as tácticas russas de terra queimada, que impediam o abastecimento e a deslocação da sua *Grand Armée*.

Apesar de ter conseguido entrar em Moscovo – que, na altura, nem sequer era capital da Rússia – o exausto Bonaparte tentou negociar a paz, mas o Czar russo não acedeu. Entretanto, o exército desequipado, paralisado pelo frio e pela fome, foi atacado pelos russos e sofreu incontáveis baixas. Na retirada, atravessando o congelado rio Berezina, o gelo quebrou-se subitamente e milhares de soldados de Bonaparte foram engolidos pelas águas de temperaturas negativas.

Bonaparte perdera meio milhão de homens e o seu exército, outrora temível, não era, por aquela altura, mais do que um bando de maltrapilhos imundos.

Esta derrota, galvanizou a Europa para a 6ª Coligação (1813): Inglaterra, Prússia e Rússia, às quais se juntaram Portugal, o Império Austríaco e a Suécia entre outros, e venceram finalmente Bonaparte numa série de Batalhas (a primeira fora em *Leipzig*) e entraram triunfal e finalmente em Paris, a 30 de Março de 1814.

Nesse ano, em Fontainebleau, onde Bonaparte havia concebido o seu próprio trono, foi assinada a paz e o imperador francês enviado para a ilha de Elba.

No seguimento, a monarquia foi restaurada em França e Louis XVIII (1755-1824), irmão do guilhotinado Louis XVI, sentou-se no trono. Depois de 25 anos após a tomada da Bastilha, eis de novo um Bourbon a reinar.

No entanto não teria sido o fim de Bonaparte que, sedento de poder, abandonara o seu exílio e voltara a França. Louis XVIII, por seu lado, fez rapidamente as malas e fugiu.

Bonaparte governaria por mais cem dias. Porém, os aliados não se deixaram intimidar e, sem perder tempo, constituíram nova aliança a fim de travar a espectacular Batalha de *Waterloo*. Nesse ano de 1815, Bonaparte foi definitivamente derrotado e despachado para a ilha de Santa Helena onde acabaria os seus dias, no ano de 1821.

Entrementes, Louis XVIII regressou e reinou até morrer, sendo sucedido pelo irmão Carlos X (1757-1836). Com ele, França voltaria a ver um monarca absoluto, ou seja, 35 anos depois da tomada da Bastilha, eis de novo o *Ancien Régime*...

Regresse-se às terras da Germânia. Derrotado Bonaparte, era tempo de reorganizar a Europa e para isso se reuniu o conhecido Congresso de *Wien*.

Esse evento de demoradas e discutidas negociações diplomáticas, recheado de galantes bailes e recepções, determinaram o concerto europeu: a Rússia obteve a Finlândia, grande parte da Polónia prussiana, e a Bessarábia que tinha estado sob posse do Império

Otomano; a Prússia reconquistou a Saxónia e obteve a Renânia; o Império Austríaco recuperou o Tirol, a influência no Norte de Itália e no Mar Adriático e estendeu-se pela antiga Ístria e Dalmácia, alargando-se pela Península Bizantina. Talleyrand (1754-1838) entrou altivamente nas negociações (algo que não seria concedido à *Alemanha* após as duas Guerras Mundiais) representando a França que, ainda que culpada de tanta destruição na Europa, garantiu as fronteiras de 1792 que incluíam a Alsácia-Lorena (Zierer, 1981: 75).

No que concerne ao fulcro do poder, os Estados germânicos foram reunidos numa construção imperial, com Dieta em Frankfurt e presidida pelo Imperador da Áustria: a *Deutscher Bund* (1815/1866). Foi, enfim, restaurado o equilíbrio de poder que, embora frágil, assentava nas antigas fórmulas autocráticas germânicas.

Por seu lado, o *Reichskanzler* Metternich (1773-1859), génio do Congresso de *Wien*, procurou enterrar os nacionalismos acordados pela Revolução Francesa e alargar as fronteiras do poder dos Habsburg, não esquecendo de tratar da política imperial de maneira a manter as instituições sociais, os privilégios, os estamentos, o paternalismo, e o conservadorismo social e religioso, típicos da tradição germânica. Recuperou-se, dos tempos anteriores à perturbação francesa, tudo aquilo que foi possível ser recuperado.

A Santa Aliança (Schwartz, 1935), por seu lado, foi o acordo internacional que forjou esse projecto político. O Rei da Prússia, o Imperador da Áustria e o Imperador da Rússia, em nome da Santíssima Trindade, comprometeram-se a vigiar atentamente os movimentos liberais e democráticos e asfixiá-los logo que se notasse o primeiro suspiro.

Fig. 16 – A Confederação Germânica, 1815
(Rootsweb, 2013)

Chegado o ano de 1830, deu-se o primeiro abalo à Santa Aliança: a expulsão de Carlos X do trono de França e a subida ao trono, depois de vasta confusão, do liberal Louis Philipe de Bourbon-Orleáns (22).

No meio da barafunda que reinava em Paris, os Belgas nacionalistas e liberais, que pelo Congresso de *Wien* haviam sido colados às Províncias Unidas num novo país apelidado de Países Baixos, aproveitaram para pegar nas espingardas e proclamar a independência – isto fortemente apoiados pelos ingleses, que pretendem ver a área do delta do Reno o mais fragmentada possível – isto, na contínua dinâmica de fraccionar o mais possível o território continental europeu. Para Rei dos Belgas foi escolhido o príncipe germânico Leopold von Sachsen-Coburg und Gotha (1790-1865).

## 1.2) As Revoluções de 1848 e a Contra-Revolução

Assim como, no seu tempo, brotou uma Contra-Reforma, brotaria agora também uma Contra-Revolução. Dos seus muitos nomes, podem citar-se Joseph De Maistre (1753-1821) e Donoso Cortes (1809-1853).

Contudo, não seria próprio considerar a Contra-Revolução como mera reacção à Revolução [Francesa]. Antes, a Contra-Revolução assume-se numa *Weltanschauung* lógica e linear, cujos fundamentos podem ser encontrados nos princípios da organização política greco-latina (Platão, Aristóteles), reformulados na Idade Média (Santo Agostinho, São Tomás de Aquino) e aperfeiçoados com a teorização do Absolutismo Régio (Bodin, Bossuet, Hobbes).

Efectivamente, de Lara (2007: 549-578) podem retirar-se os princípios seculares da Contra-Revolução: de Platão (427 a.C. – 348 a.C.) o Bem como a ideia de topo de hierarquia e a inexistência da igualdade no Mundo Sensível, de Aristóteles (384 a.C. – 322 a.C.) o Homem como ser naturalmente social; de Santo Agostinho (354 – 430) a ideia de Deus omnipotente, criador, e defesa de um pessimismo antropológico e da doutrina da guerra justa, assim como sistematização das doutrinas de S. Paulo (~5-67), Santo Ambrósio (~340-397), S. João Crisóstomo (~347-407) em particular no aspecto relativo à origem divina do poder; de S. Tomás de Aquino (1224-1274) a reafirmação do pessimismo antropológico, a formulação do providencialismo segundo o qual "o Governo do Mundo está nas mãos do Senhor" (Sir 10:4), o jusnaturalismo de acordo com uma ordem natural que vem de Deus e se instaura nos homens, e a retoma da doutrina da guerra justa; de Nicolau Maquiavel (1469-1527) e a necessidade de um governo forte podendo haver recurso à ditadura; de Jean Bodin (1530-1596) a teorização do conceito de soberania do Estado como o poder "absoluto, perpétuo e indivisível".

Joseph de Maistre (1753-1821) surgiria, por seu lado, como uma espécie de redenção dos franceses jacobinos (Lara, 2007: 620-622). Anti-racionalista rejeitando a razão como base estruturante da organização política; tradicionalista pela evocação das tradições e costumes dos povos, estes a verdadeira base da política e da sociedade; providencialista e pessimista antropológico; de Maistre resumiu a Revolução Francesa como um *mal absoluto*.

Por seu lado, Pinto (1996: 62 e 66) enumera como características da Contra-Revolução: "pessimismo antropológico" (homem malévolo por natureza), "sobrenaturalismo político" (ligação a Deus como origem do poder), "organicismo" (notar a sociedade interligada e não como conjunto de indivíduos isolados), "antiliberalismo" (político contra a separação de poderes; ou económico, estando contra a privação do Estado em intervir na economia), "anti-igualitarismo" (pela defesa coerente da imposição necessária e constringente da hierarquia nas sociedades), "autoritarismo" (apologia da ditadura no desaparecimento da Monarquia) e a própria ideia monárquica. No mais, noutro trabalho (Morgado, 2011d) já versámos sobre o pensamento contra-revolucionário.

O ano de 1848 foi um ano-chave do século XIX. Em França, triunfara uma revolução socialista (23) em que Louis Philipe de Bourbon-Orleáns abdicou, sendo proclamada a II República. Todavia, mais importa para estas páginas, a Germânia.

Apesar de 1848 representar um segundo abalo à Santa Aliança e, simbolicamente, ter caído Metternich, verificou-se o triunfo da Contra-Revolução e a dupla reacção aos acontecimentos em França de 1789 e de 1848.

Em primeiro lugar, embora passassem a existir modelos constitucionais (como a Constituição da Prússia de 5 de Dezembro de 1848; ou a do Império Austríaco em 1849), estes continuavam a pautar a política por um modelo autocrático (II *Reich* e Império Austro-Húngaro). Em segundo lugar, aquando dessa *Primavera dos Povos* – baseada nos nacionalismos acordados pela Revolução Francesa (portanto, enquanto património da esquerda ideológica) e no próprio liberalismo – os húngaros, boémios, croatas, romenos, entre outros, se tentaram separar da unidade imperial, foram, no entanto, pacificados e reintegrados, na dinâmica imperial milenar.

Para além de tudo o que se refere, subsiste outro aspecto de grande monta – no cerne das lutas de 1848, os povos germânicos dividiram-se em duas facções geopolíticas: nos partidários da *Kleindeutschland* e nos partidários da *Großdeutschland*. Pretendendo os primeiros uma união de curta dimensão territorial; os segundos defendiam uma confederação de todos os povos germânicos e germanizados num único Império, grosso modo, uma *restauração* do antigo *Reich*. Na verdade, este dualismo de perspectivas seria um resultado directo das disputas entre a Áustria e a Prússia pela liderança da Germânia, como se verificou, iniciadas no século XVIII e que daria azo à criação de dois impérios germânicos distintos.

Assim sendo, após o *Fürst* Metternich ter sido forçado a demitir-se do cargo de *Reichskanzler* por pressão da Burguesia e, consequentemente, após as revoluções aparentemente terem triunfado, o *Kaiser* Ferdinand I. (1793-1875) – que sucedera a seu pai Franz I. – garantiu o apoio do povo e da burguesia. Suspende-se o assunto.

Por seu lado, na Prússia, Friedrich Wilhelm IV. (1795-1861), à cabeça de uma monarquia militarizada, mandou inicialmente o Exército para a rua a fim de disparar sobre a burguesia armada que tentava fazer a revolução em Berlin.

No rescaldo do caos de Berlin e de Wien, nesse Julho de 1848, os liberais reuniram-se na Igreja de São Paulo em Frankfurt para, inspirados pelos ingleses e pelos franceses, democratizar a Germânia (Sked, 1993), pretendendo entregar uma nova coroa imperial ao Rei da Prússia. Contudo, ali não era nem França e muito menos Inglaterra. Desse modo, no seguimento das movimentações, em Abril de 1849, Friedrich Wilhelm IV. haveria de recusar essa «coroa imperial», respondendo que «não se recolhe uma coroa da sarjeta», preferindo pois continuar como Rei da Prússia autocrático, a tornar-se no *liberal* Imperador dos Alemães. Além do mais, a exclusão do Império Austríaco da construção germânica escandalizava-o, já que o monarca esperava poder restaurar-se o antigo *Reich*, e não queria provocar qualquer conflito militar interno.

A Dieta de Frankfurt fica, então, instabilizada e venceu sobre ela a Contra-Revolução. A esta época poder-se-ia aplicar o provérbio germânico: *"Gegen Demokraten helfen nur Soldaten"* [contra os democratas só nos valem os soldados].

Entretanto, e regressando a Wien, Ferdinand I. via-se forçado a abdicar pelo mesmo movimento reaccionário – já que, como vimos, aquele Imperador se aliara à burguesia – subindo ao trono imperial o seu sobrinho Franz Joseph (1830-1916). Leal promotor do preceito autocrático, o jovem imperador de 18 anos, encontrará um enorme apoio na Chancelaria do *Fürst* Felix von Schwartzenberg (1800-1852), contra-revolucionário convicto que se ocupou, de igual modo, em ajudar a deitar abaixo a Dieta de Frankfurt. De resto, fora ele próprio que tratara de pressionar Ferdinand I. a abdicar em favor de seu sobrinho.

E assim se sepultou a Revolução nas terras da Germânia: *"o verdadeiro titular do poder soberano. . .* [continuava a ser] *o Rei* [ou o Imperador]*, não se torna o povo"* (Miranda, 2003: 201).

Com efeito, nesta linha do elitismo e da recusa da democracia, nos finais do século XIX, brotará da Germânia um grande pensador: Robert Michels (1876-1936), para quem: *"a democracia seria assim, de todas as ordens burguesas, a pior"* (Michels: 2001: 408) uma vez que não passa de uma *"fábula infantil"* (Michels: 2001: 403).

Porém, um dos elementos mais essenciais, e que mais deve chamar a atenção, é o facto de que, derivado de terem sido os ideais «liberais e democráticos» da Revolução Francesa, trazidos na ponta das baionetas dos soldados de Bonaparte, a levar à destruição da estrutura milenar do *Reich*, que terá feito com que, como reacção, o *nacionalismo* alemão e/ou o *pangermanismo* tivessem nascido ambos antiliberais e antidemocráticos.

Relativamente ainda à Revolução Francesa – resultado primário da acção da *élite* burguesa para alcançar o poder político – vale a pena passar uma curta revista sobre as suas ideias originais. Para além disso, a democracia do século XXI estrutura-se, ela-própria, nas ideias do Iluminismo, pelo que a relevância se vinca ainda mais.

Principie-se com Rosseau (1712-1778). Teórico do *bom selvagem*, isto é, do Homem que alegadamente nasce bom e feliz sendo depois corrompido pela sociedade, Rosseau fundamentou também que o homem é um ser solitário, sendo que a sociedade, como necessidade infeliz, se apresenta na origem de todos os males do Homem. Pois bem, Rosseau prossegue, sustentado que a propriedade, por seu lado, uma invenção do homem constrangido à sociedade, era um malefício, uma vez que, obrigando à criação do Estado, era o mesmo que dizer que perpetuava a institucionalização das desigualdades.

Como é notório, este pensamento viria a conectar-se, em linha recta, ao marxismo.

Contra estas ideias, em primeiro lugar, dever-se-ia entender o Homem como um ser naturalmente social, tal como se inclina uma parte da cultura greco-latina e sustentaram posteriormente tantos outros pensadores, entre os quais se contam Grotius (1583-1645). Dessa forma, essa *sociabilidade natural* acarretaria uma noção, também esta natural, de hierarquia (logo, antinomia de igualdade), onde os mais poderosos imperam sobre os restantes. Com efeito, Konrad Lorenz (1903-1989) ainda não tinha vindo ao Mundo e explicado a relevância da hereditariedade e instinto em todas as espécies, inclusive na humana que, como é tido, tem uma componente animal que não é passível de ser eliminada (24).

Regressando aos temas rosseaunianos, e desmontada a teoria do homem solitário e bom (aliás, já Hobbes havia sublinhado: *Homo Homini Lupus*) critica-se agora a noção da «sociedade» como um mal e a «propriedade» como catástrofe. Pelo contrário, a sociedade controla e impede o homem de conflituar impunemente com o seu semelhante e a propriedade, existente deste sempre pelo natural instinto do homem à possessão da terra, antecede a formação das sociedades humanas.

Com se prevê, o Iluminismo faria nascer destas ideias duas correntes: o liberalismo e o marxismo, ambos contrariados pelo pensamento contra-revolucionário. Enquanto o primeiro entende que, com a abundância material, o homem se despe da sua natureza cruel e busca aquilo que designam de *direito à felicidade*; o segundo defende a extinção da propriedade como primeiro passo para a supressão das classes sociais e posterior criação daquilo que designam de *paraíso na Terra*. Afinal, sejam capitalistas ou comunistas, os dois partem do mesmo local para chegar exactamente ao mesmo sítio.

A Contra-Revolução, por seu lado, não tem nada em comum com estas mundovisões. O pensamento Contra-Revolucionário apoia um regresso ao estádio pré-revolucionário, à ordem tradicional existente antes da Revolução Francesa, esta de onde brotou a dicotomia Direita/Esquerda. Assim, um verdadeiro e fiel mentor da Contra-Revolução está acima dessas cisões. A Contra-Revolução defende a monarquia tradicional, orgânica e descentralizada, baseada nas corporações e no reforço das solidariedades sócio-profissionais. A representação política por famílias, municípios, interesses religiosos, etc., ou seja, uma representação orgânica e não individual (liberalismo) da sociedade, e ainda menos se identifica com a *amálgama colectiva* (comunismo e fascismo).

A Contra-Revolução é sinónimo do quadro teórico fundeado na origem jusdivinista do poder para a fundamentação do Estado, no valor da Tradição e da História, não construções humanas, mas desígnio superior de Deus. É a defesa da estratificação da sociedade como fluído natural da profunda desigualdade humana, a organização corporativa sócio-económica como tendência inelutável do homem para se associar, e a lógica do poder autocrático, porém não ilimitado, pois as Leis de Deus a que o soberano se submete, as normas da Justiça Natural e o ordenamento político da Tradição limitam, em si mesmas, o poder do Soberano.

Em suma, a Contra-Revolução almeja devolver a *Deus* o Altar ocupado pelo Estado, devolver ao *Rei* – «lugar-tenente de Deus» – o Trono onde o povo se amontoa, e devolver ao *Aristocrata* (άριστοι que significa exactamente: *os melhores*) o papel de primazia social usurpado pela "burguesia egoísta" (Pierrard, 2002: 298).

Para concluir este assunto torna-se interessante avançar subitamente na História, até à década de 70 do século XIX e analisar a posição da Igreja Católica sobre este assunto.

Após, a Revolução Francesa, da qual um dos intuitos era

exterminar o poder e influência da Santa Sé, como se verificou, em pleno século XIX a Igreja Católica reforçar-se-ia. As ideias da época – assentes no optimismo da crença na razão e na ciência, no progresso e na infalibilidade humana no caminho para a felicidade (*capitalista* ou *comunista*) e que levaram à laicização do Estado e à tentativa de descrédito da religião Cristã de Roma – iriam encontrar uma resposta à altura. Aliás, como é tido "a Igreja, quase em bloco, associou-se ao movimento contra-revolucionário" (Pierrard, 2002: 298).

Com efeito, e não obstante o Papa Pio IX (1792-1878) ter perdido, para a reunificação italiana, os territórios cuja entrega ao Papado havia sido sancionada por *Karl der Große* (Património de São Pedro), o Romano Pontífice convocou um novo concílio tendo em vista resolver os problemas da *Idade Contemporânea*: o Concílio do Vaticano I (1869/1870).

Tratando das matérias da fé e dos costumes, foi definido o *Dogma da Infalibilidade Pontifícia*, ou seja, quando o Papa fala sobre essas matérias *ex cathedra* é iluminado directamente por Deus e não é passível de qualquer erro. Em suma, centralizou-se a organização monárquica e teocrática da Igreja Católica.

Para além dessa norma, a Igreja vincou, também, a sua relação com os "novos tempos". O mesmo *Pontifex Maximus* publicou a Encíclica *Quanta Cura* (1864) na qual condenava: o liberalismo, o socialismo, o racionalismo dos iluministas do século XVIII, o naturalismo (que negava o poder de Deus sobre os homens) e o materialismo. E assim se permanece até hoje.

O Papa que lhe sucedeu, Leão XIII (1810-1903), haveria de escrever a famosa *Rerum Novarum* (1891), proclamando a condenação do americanismo enquanto corrente modernista e hedonista. Rejeitou também o liberalismo, pelo apelo às antigas corporações sócio-económicas que haviam sido abandonadas em prol do capitalismo. E assim se permanece até hoje.

Por sua vez, o Santo Pio X (1835-1914) estabeleceu o "modernismo" como movimento corrupto e digno de desprezo. E assim se permanece até hoje.

Por último, o Papa Pio XI (1857-1939), na sua Encíclica *Quadragesimo Anno* (1931) reitera as posições de Pio IX e renega o socialismo em todas as suas formas, incluindo a do socialismo democrático (e a social-democracia). E assim se permanece até hoje.

Resumindo e concluindo, expresso ainda mais taxativamente, trata-se da doutrina estabelecida da Igreja Católica e Apostólica Romana – a incompatibilidade entre ser verdadeiramente católico e ser: liberal, racionalista absoluto, naturalista, materialista, capitalista, modernista, americanista e socialista em todas as suas formas – desde comunista a social-democrata.

## 1.3) Rumo a *Königgrätz*

Como se explicou, o Império Austríaco presidia à *Deutscher Bund*, segundo uma reminiscência do *Reich*. Contudo, a Prússia, trilhando o seu próprio caminho, em 1834 organizara uma liga aduaneira entre 39 Estados alemães (excluindo o Império Austríaco) designada de *Zollverein*, com vista a eliminar barreiras alfandegárias (e relembra-se o impacto destas, quando atrás se mencionou a questão do sal).

Sem mais delongas, este foi um passo fundamental que a Prússia deu a caminho do seu Império, dado que criou um mercado interno, agregou uma união económica e prosperou, tornando-se uma potência comercial e industrial.

Em 1861, no trono da Prússia, sucederá a Friedrich Wilhelm IV. o Rei Wilhelm I. (1797-1888) que escolherá, no ano seguinte, para seu *Ministerpräsident,* um homem de grande calibre: Otto von Bismarck (1815-1898) – adepto realista da *Kleindeutschland*. A partir destas bases dar-se-á o colapso da Confederação Germânica.

Num outro trabalho (Morgado, 2014) ocupámo-nos já em ler, pelas lentes da Estratégia, a acção governativa de Bismarck, pelo que terão agora de se repetir algumas ideias.

Bismarck iniciou, então, um projecto político de engrandecimento da Prússia, entrando sucessivamente em guerra com a Dinamarca, o Império Austríaco e a França.

Com efeito e nessa linha, a fim de dissolver a *Deutscher Bund*, Bismarck cuidou em manter a neutralidade da França (nessa altura governada por Napoleão III (1808-1873) em pleno II Império), a par de uma aliança com Itália (que, como se verificou, teve pelos séculos a sua região norte sob esfera de influência da Germânia). Traçado o panorama diplomático, Bismarck começou as provocações e o Império Austríaco declarou guerra ao Reino da Prússia – Guerra das Sete Semanas.

No dia 3 de Julho de 1866, numa campanha aterradora e fulminante, a Prússia esmagou o seu opositor em *Königgrätz*, (a cerca de 200 km a noroeste de Austerlitz), localidade situada naquelas terras que parecem fadadas a acumular batalhas para impedir a unidade da Germânia.

A Batalha de *Königgrätz*, na qual um contingente militar foi comandado pelo Rei da Prússia em pessoa, teve como consequência a assinatura da Paz de *Prag*, outrora a capital de uma Germânia subordinada apenas a um único *Kaiser*... Nesse acordo, Bismarck obrigou o Império Austríaco a abandonar o Ducado de Holstein e a retirar do Veneto, para agrado e regozijo de Itália, e a comprometer-se em não intervir mais na área da *Germânia Setentrional*. O Reino da Prússia, por sua vez, anexou o Reino de Hannover e o Grão-Ducado de Hesse, entre outros territórios e fundou com grande pompa (a norte do Rio Main) a *Norddeutscher Bund*, que mais não foi do que a antecâmara de 5 anos antes da proclamação do II *Reich*.

Por seu lado, a França assustara-se com o poder prussiano, revelado em tão brutal conflito. Em verdade, tinha razões para se assustar, pois uma vez derrotado o Império Austríaco, seria a França a próxima a ficar na mira impiedosa de Bismarck. Isto porque a convicção do *Chanceler-de-ferro* era ". . .*que a França é a inimiga hereditária da Alemanha*" (Duroselle, 1992: 38).

Antes de se prosseguir, escreve-se mais uma nota na história das relações Luso-Germânicas.

Em 1836, Ferdinand August Franz Anton von Sachsen-Coburg-Gotha (1816-1885) chegou ao Reino de Portugal para se casar com D. Maria II (1819-1843). Este monarca único, marcou profundamente o nosso país, cultura do qual se pegou intensamente. Salvou o Mosteiro da Batalha que andava, na altura, a ser desmantelado "para aproveitamento de pedras de cantaria" (Daehnhardt, 2000: 69), foi nomeado Presidente da Real Academia das Ciências, criou a Academia das Belas-Artes, conservou e mandou recuperar o Mosteiro dos Jerónimos, a Torre de Belém, os Conventos de Mafra e de Tomar entre outros monumentos. A D. Fernando II se ficou também a dever o fomento da ordem e do consenso em Portugal, grandemente perturbado pelos liberais, e claro, mandou construir e dirigiu as obras do Palácio da Pena.

# Título V.
# A GERMÂNIA EM DOIS IMPÉRIOS

## Capítulo 1) A divisão da Germânia: a *Germânia Meridional* e a *Germânia Setentrional*

### 1.1) *kaiserlich und königlich Doppelmonarchie*

Como se observou, no ano de 1848, Franz Joseph sucedeu ao tio Ferdinand I., dando-se início a um dos maiores reinados da história dos Estados da Europa: 68 anos de governo.

Estava-se portanto, em meados do século XIX, com as ligações metafísicas ao Sacro Império Romano-Germânico ainda bem presentes, pois como foi explicado, a *Deutscher Bund* instituída por Metternich no Congresso de *Wien* e que enterrara as aspirações nacionalistas burguesas, foi uma tentativa de prolongamento no tempo desse *Reich* milenar.

Com o *Kaiser* Franz Joseph, foi restaurada a supremacia e o poder da Áustria na Germânia meridional, depois de, como se apurou, ter ocorrido a Batalha de *Königgrätz* em 1866. Com efeito, no ano seguinte, o Império Austríaco entabulou negociações com o Reino da Hungria e prepara-se uma monarquia dual: o famoso *Império Austro-Húngaro*, o autêntico e único herdeiro do Sacro Império Romano-Germânico. E assim pode ser considerado por três motivos:

i) porque era uma construção multinacional e multirracial tal qual fora o I. *Reich*, e ao contrário desta lógica, aquele que viria a ser o II *Reich* era um Império em que as ideias de superioridade racial germânica tinham um cunho não desprezível;

ii) o Império Austro-Húngaro assumia-se próximo da Igreja Católica Romana;

iii) As capitais do I. *Reich* e os seus centros de poder imperial estavam fixados essencialmente a sul de uma linha perpendicular ao Elba, traçada na latitude de Dresden, desde a baixa Idade Média;

165

Desta óptica, pode parecer bastante incorrecta a designação de II. *Reich* como se de um herdeiro do I. *Reich* se tratasse – e, subsequentemente, ainda mais absurda foi a apropriação nazi de designar a Alemanha racista do século XX de «III. *Reich*».

O Império Austro-Húngaro, vedado a ligações com a Germânia setentrional, procuraria, então, expandir-se na Península Bizantina, a despeito do Império Russo que considerava todo aquele espaço como sua área de influência. De facto, esta pode ser uma concepção geopolítica bastante discutível, dado que: Roménia (praticamente até ao Mar Negro) (Morgado, 2010), Croácia, Eslovénia, Hungria e parte da Bósnia tem sido áreas de influência do pangermanismo.

E, de facto, a I Guerra Mundial, como se observará adiante, começaria exactamente na Península Bizantina.

Por último, frisa-se que, sem novidade, também o Império Austro-Húngaro se constituía com um sistema político autocrático, antidemocrático e contra-revolucionário, assente no poder do exército, numa burocracia complexa e na Igreja Católica, assim como nos eternos valores aristocráticos que, ao contrário do que afirmam alguns autores (Chaliand, 1995: 78), não se encontram obsoletos, mas são os valores de sempre.

Fig. 17 - O Império Austro-Húngaro, 1914
(Map Collection, 2013)

## 1.2) II. *Reich*

Em Julho de 1870, fora oferecida a Leopold von Hohenzollern (1835-1905) a coroa do Reino de Espanha que, por pressão de Bismarck, este aceitara.

A França, mais uma vez, ficou em pânico com a possibilidade da ressurreição de um Império como o de Karl V., possibilidade que também ocorrera, como se explicou, na Guerra de Sucessão Espanhola com o *Kaiser* Karl VI. Posto isto, Napoleão III exigiu a retirada dessa pretensão ao trono espanhol, e mais, pretendeu que Wilhelm I. se comprometesse de que, no futuro, não haveria projectos políticos desse género.

Bismarck esfregou as mãos. Napoleão III tinha acendido um rastilho e bastou um texto de Bismarck na imprensa (o famoso *Despacho de Ems*) para fazer com que a França declarasse guerra à Prússia. Um verdadeiro golpe de mestre, pois assim ficou garantido o apoio de todos os Estados germânicos à Prússia.

Napoleão III, senhor de trapalhadas diplomáticas baseadas no funesto "princípio das nacionalidades" (Duroselle, 1992: 30), havia cortado a própria mão. Com um exército fraco face às disciplinadas hostes germânicas, vem a ser completamente esmagado na Batalha de Sedan, no dia 1 de Setembro de 1870, no decorrer da qual, para humilhação das humilhações, acaba por ser capturado.

A paz foi assinada em Frankfurt (10 de Maio de 1871), sendo a França obrigada a pagar avultada indemnização. Contudo, talvez a mais importante consequência dessa guerra tenha sido o retorno da Alsácia e da Lorena ao património germânico, províncias que tinham sido arrancadas ao *Reich* no século XVII. Para mais, essas áreas de população germânica eram territórios extremamente ricos em carvão, superiormente necessários ao processo de industrialização.

Por sua vez, no país derrotado, reinava a desordem e o embaraço. O imperador dos franceses caíra e com ele o império francês. Bismarck, político sábio e realista para quem a república era «o governo dos fracos», ficou satisfeito ao ver nascida a III República francesa.

Contudo, os parisienses não almejavam quietude e ordem depois destes desenvolvimentos. Com efeito, insurgir-se-iam e formariam o primeiro (se assim se pode chamar) *governo operário* da História – a *Comuna de Paris* que durou de Março a Maio de 1871, sendo dissolvida, reprimida e extinta pelo próprio exército francês, o que provou a força insignificante que teve tal forma de organização política.

Quanto à Germânia setentrional, a 18 de Janeiro de 1871, para maior rebaixamento de França, na ostensiva Galeria dos Espelhos do Palácio de Versailles, símbolo máximo do poder monárquico francês ora extinto, Wilhelm I. von Hohenzollern seria proclamado *Kaiser* do agora fundado II. *Reich*. Um Império federal, mas em muito pouco herdeiro do I *Reich*, como pretendeu.

Contudo, nessa proclamação, denote-se, não se encontrava um único representante da Dieta Federal, mas apenas elementos da aristocracia e oficiais escolhidos em fina peneira. Logo, estava-se perante uma reminiscência directa do processo de escolha do outrora

Sacro Imperador, realizado apenas e somente pela aristocracia, excluindo qualquer outro estamento social, dado que a política não se exercia ". . .«de baixo» por decisão popular, mas «de cima» através de um tratado entre príncipes" (Römer, 1980: 37).

Por outro lado, antiteticamente, o II *Reich* representou a unificação de uma suposta *Nação Alemã*, com exclusão de parte substancial dela-mesma. Poder-se-á, em suma, concluir que "na prática, a unificação pode ser legitimamente vista como uma forma de expansionismo da Prússia" (Abrams, 1995: 7) – nada mais do que isso.

Como se informou, o governo de Bismarck – a consolidação da Unidade Alemã, a concentração militar sob o domínio da Prússia, a *Kulturkampf* (1861/1868) (Bremer e Storz, 1953: 177-181), as leis anti-socialistas, etc. – tudo foi já analisado em sede própria (Morgado, 2014), pelo que se poderá avançar para Wilhelm II.

No ano de 1888 falecera o *Kaiser* Wilhelm I. e sucedera-lhe, por alguns meses, pois morre vitimado por doença, o seu filho Friedrich III. (1831-1888). Ainda nesse ano – por isso conhecido como o "ano dos três imperadores" – subiria ao trono do II. *Reich* o *Kaiser* Wilhelm II. (1859-1941).

Imperador desconcertante, este homem juntou uma luz poderosa a uma treva lúgubre. Se pretendeu elevar o seu Império a *Weltmacht*, a realidade é que arruinou as finas, delicadas e inteligentes teias diplomáticas que Bismarck brilhantemente tecera e que impunham um equilíbrio na Europa que garantia segurança ao II. *Reich*.

A Alemanha Guilhermina seria o país da ". . .omnipotência do Estado, o domínio militar da vida política e a disciplina militar na vida civil e um sistema vicioso de lisonja oficial. . ." (Dawson, 1941: 89) que mais não seria, como se adivinha, do que o recuperar das ideias da Prússia do século XVIII, também em certa medida alimentadas por Bismarck.

Todavia, os dois homens não se entenderiam. Wilhelm II. provocaria a demissão de Bismarck em 1890, isto porque o *Kaiser* era também um autoritarista que queria assumir, ele-próprio, o governo.

No ano seguinte, fica a nota, constituiu-se a *Alldeutscher Verband* (1891), a materialização, numa associação concreta, da longa aspiração das *Nações Germânicas e Germanizadas* a reunirem-se numa construção imperial, um intento que se afirmou desde o início destas páginas.

Se existe uma palavra para definir o *Kaiser* Wilhelm II. essa será *Welpolitik* – a política mundial, a ambição desmedida. A sua diplomacia foi desastrosa: o Tratado de aliança com o Império Russo não foi reafirmado por péssima decisão do II. *Reich*, e mais tarde esse erro seria pago com muito sangue. Por outro lado, fomentou-se uma poderosa marinha que rivalizasse com a do Reino Unido. De resto, sob instruções do *Kaiser*, o Almirante Alfred von Tirpitz (1849-1930) estabeleceria as linhas de uma política naval grandiosa, porém desajustada ao poder germânico, que é continental (telúrico). Esta política baseada no pensamento geopolítico de Alfred Mahan (1840-1914) – para quem a hegemonia mundial só podia ser conseguida com o controlo das rotas marítimas – haveria de provocar sobremaneira o Reino Unido.

Com efeito, o que fora a "nação satisfeita" de Bismarck passou a ser uma nação agressiva sob Wilhelm II. A este contexto, somar-se-iam as crises marroquinas. O caminho para a guerra estava, portanto, apontado.

Fig. 18 - O II. *Reich*
(Sapiens, 2013)

## Capítulo 2) A I Guerra Mundial e a suspensão da Germânia cristã na *Mitteleuropa*

Após a derrota francesa na Guerra Franco-Prussiana, subsistia naquelas terras um sentimento revanchista. Por outro lado, o II. *Reich* de Wilhelm II. *excedia-se* nas suas ambições.

A industrialização processava-se a um ritmo estonteante, a procura de mercados era acesa, a exploração das colónias, a competição e a rivalidade económica era muito intensa, sendo a produção de armamento em larga escala – tudo isto criava um clima propenso à guerra que, no entanto, não seria, de todo, esperada.

Estabeleceram-se alianças militares: o II. *Reich* com o Império Austro-Húngaro (1879) e a Itália (1882). No ano de 1912 renovou-se este pacto e coube-lhe a designação de *Tríplice Aliança*. Contudo, Itália viria a aliar-se à Inglaterra.

No outro oposto, encontrar-se-ia a *Tríplice Entente* (1907) que, bem analisada, seria algo contra-natura em termos político-ideológicos: as liberais França e Reino Unido com o autocrático Império Russo. Contudo, em termos geoestratégicos nada fazia mais sentido: o Império Russo pretendia estender-se sobre os Balcãs e o seu primeiro opositor era o pangermanismo. Nada melhor assim, do que uma aliança com as inimigas do poder germânico. Com efeito, a *Entente Cordiale*, que havia sido assinada em 1904 – uma das expressões máximas da aliança anti-germânica encabeçada pela França e pelo Reino Unido – encontrava agora um aliado de peso. Lembra-se ainda que a esta aliança, mais tarde, se juntariam os EUA e a recém-criada *República Portuguesa*.

A talho de foice, retomando o segmento luso-germânico destas páginas, recorde-se o que escreveu Daehnhardt (2002: 101) a propósito da participação portuguesa na guerra, contra a Alemanha: "podia ter significado o fim de um namoro de muitos séculos entre as duas nações. . ."

Passe-se agora à análise do conflito. Efectivamente, a I Guerra Mundial viria a começar na Península Bizantina. Território que sofrera cinco séculos de opressão do Islão armado, os países dos

Balcãs deparavam-se, nos inícios do século XX, com o desafio de expulsar os Otomanos que ainda teimavam permanecer na região. Nessa linha, Sérvios, Romenos, Búlgaros, Albaneses, Gregos, Montenegrinos, proclamavam as suas independências.

O caso da Bósnia-Herzegovina seria *sui generis*. Católica *germânica*, ortodoxa *eslava* e islâmica *otomana*, aquela área era administrado pelo Império Austro-Húngaro desde 1878. Em 1908 seria declarada a anexação total, pelo que o Império Russo se irritou sobremaneira. E não seria tudo, já que o Império Austro-Húngaro tinha intenções de anexar também a própria Sérvia, irmã-eslava da Rússia (Morgado, 2013).

O ambiente era, portanto, extremamente tenso. No dia 28 de Junho de 1914, o herdeiro de Franz Joseph, Franz Ferdinand (1863-1914), visitando Sarajevo, seria assassinado por um estudante anarquista. Como resultado, em menos de um mês, o Império Austro-Húngaro entrega à Sérvia um *ultimatum* para terminar com a propaganda anti-imperial, extinguir as sociedades secretas e permitir aos oficiais do Império indagar sobre o assassinato daquele que seria o seu futuro soberano. A Sérvia aceitou todas as condições, excepto a última. Logo o embaixador austro-húngaro haveria de retirar-se e a 28 de Julho de 1914 começaria a I Guerra Mundial, com um primeiro conflito do Império Austro-Húngaro contra a Sérvia.

Todavia, o Império Russo saiu em defesa da Sérvia e o sistema de alianças começa a funcionar: a França apoiou o Império Russo e a Inglaterra entrou no conflito porque Wilhelm II. invadira a Bélgica para chegar a França. O II. *Reich* apoiava o Império Austro-Húngaro, também auxiliado pela Bulgária e pelo Império Otomano, este por motivos de espoliação de territórios europeus e africanos pelas mãos da França, Reino Unido e Rússia.

Desta maneira, o que se previa ser uma guerra rápida, transformou-se num pesadelo de quatro longos anos. O II. *Reich*, com o seu plano Schlieffen (1905), previa esmagar a França em seis semanas numa ofensiva maciça e impiedosa. Todavia, a vitória francesa em Marne (1914) neutralizou este plano que, não sendo conseguido com o elemento surpresa, ficava inutilizado. A frente de combate a ocidente estendia-se por 800 km: da Bélgica à Suíça. Quanto à frente oriental, o Império Austro-Húngaro debatia-se com algumas dificuldades, enquanto o General Hindenburg marchava com grande glória sobre os russos em Tannenberg, fazendo esquecer a ligação desse território à derrota da Ordem Teutónica perante a coligação polaca-lituana em 1410.

Em 1915 estabilizar-se-iam as frentes de batalha e construir-se-iam as trincheiras, infestadas de ratos, parasitas e imundas de lama e outras sujidades. Condições de combate muito duras, para perder ou ganhar algumas dezenas de metros quadrados de terreno, não mais do que isso, e trocar uma trincheira, por outra. Foi também nesse ano que surgiu a técnica do uso de gases letais em combate.

No ano seguinte surge o carro de combate, o aviação ganhou peso e a guerra submarina ensaiou os primeiros ataques. Tratou-se da guerra moderna, da *guerra total*, muito mais mortífera e letal que qualquer outra até então. Era a mobilização da Nação, e o uso militar da indústria altamente desenvolvida.

Os Impérios centrais germânicos continuavam a vencer na frente oriental. A Sérvia foi invadida e a Roménia, declarando-se pela Entente, também invadida foi.

Mas na frente ocidental subsistia o desânimo e o desgaste. Os germânicos fatigavam o exército francês sobre Verdun de difícil reabastecimento. Tudo permanecia sem grandes mudanças.

No penúltimo ano da guerra, o II. *Reich* intensificou a guerra submarina, sendo que os seus ataques indiscriminados aos navios do Atlântico fizeram com que os EUA entrassem na guerra em seu desfavor.

Olhando para o Império Russo de 1917, é o caos interno. De facto, em Fevereiro de 1917 a burguesia russa promove uma Revolução Branca, ou seja, um golpe de Estado que visava a instauração do constitucionalismo. Contudo, ir-se-ia desencadear um processo de desestabilização do poder que culminará, em Outubro, na famosa Revolução do mesmo mês, desta feita Vermelha – marxista-leninista.

Em Março de 1918 seria assinado o *Tratado Brest-Litovsk* entre a

Rússia e os Impérios germânicos que retirou a Rússia da guerra, perdendo vastos domínios: na Polónia, na Lituânia e reconhecendo a independência da Ucrânia.

Feita a paz na frente leste – com um outro pedido de paz pela Roménia – a *Germânia dual* pode deslocar as suas divisões para a frente ocidental e com elas vão os generais Hindenburg (1847-1934) e Ludendorff (1865-1937). Estava-se, pois, na última fase da guerra.

No entanto, chegou ao território francês 1 milhão de soldados americanos para se colocarem sob a coordenação do General Foch (1851-1929).

Com efeito, aos alemães ficaria assim vedada a vitória sobre os franceses, enquanto os austro-húngaros retiravam face aos italianos.

Nestas circunstâncias de impasse da situação militar – logo, sem derrotas – primeiro a Bulgária, depois o Império Otomano, o Império Austro-Húngaro e o II. *Reich* decidiram assinar um *Armistício* com os inimigos. E Armistício significa exactamente: *suspensão das hostilidades*, portanto não se trata de um acto de rendição.

Sem embargo, nesse Outono de 1918, o *Kaiser* Wilhelm II. haveria de envergonhar a História da Prússia: fez as malas e refugiou-se nos Países Baixos, sendo que no dia 28 de Novembro abdicou do título de *Kaiser* do II *Reich* (Krockow, 1990: 121), terminando assim o Império de forma vergonhosa, quando comparado com o fim do Sacro Império Romano-Germânico, tombado com altivez em Batalha e dissolvido por acção política sagaz e inteligente. Fugindo – acto humano muito pouco digno e ainda menos para um homem de Estado – Wilhelm II. deixou que o poder fosse entregue a um "Conselho Provisório de Comissariado do Povo" organizado por socialistas/sociais-democratas em Berlin. Seriam estes a assinar o *Diktat* de Versailles (Dietwart, 1981: 85-95) – a famosa «punhalada nas costas» dada por um grupelho de socialistas, fiéis à *Internacional*, aos próprios compatriotas germânicos mal precavidos e completamente abandonados pela aristocracia germânica. Estava-se nos inícios da República de Weimar (que haveria de terminar *de facto* com a proclamação do «III. *Reich*») (25).

Com efeito, o *Diktat* de Versailles foi, efectivamente, um humilhação, já que a Alemanha nem fora autorizada a participar nas reuniões ou a discutir as decisões. Esse tratado, assinado a 28 de Junho de 1919, implicaria: o pagamento de pesadas indemnizações, a cedência da Alsácia-Lorena à França; das terras de Posen, parte da Prússia Ocidental e da Silésia à Polónia re-aparecida; de Eupen e Malmedy à Bélgica; Schlewig à Dinamarca. As minas do Sarre foram atribuídas à França, Danzig foi proclamada cidade livre e Memel entregue à Lituânia. O II. *Reich* perdeu todas as suas colónias, a Renânia foi desmilitarizada e o Exército reduzido a 100 000 homens, sendo a aviação militar, os carros de assalto e a artilharia pesada suprimidas. O pagamento de pesadas indemnizações e a abertura dos rios, bem como do Canal de Kiel, à navegação internacional ficaram também estabelecidos.

Por sua vez, *Deutsch-Österreich* [República da Áustria Germânica], proclamada a 12 de Novembro de 1918 na sequência da abdicação do *Kaiser* Karl I. (1887-1922) – que havia sucedido ao *Kaiser* Franz Joseph no ano de 1916 – acaba por assinar o Tratado de Saint-Germain, a 10 de Setembro de 1919.

Esse documento dissolvia *de jure* o Império Austro-Húngaro, i.e., retalhava a *Germânia meridional* na Áustria, na Checoslováquia, Polónia, Hungria, Jugoslávia, triunfando o "princípio das nacionalidades" – mas apenas e só quando convinha a alguns (Morgado, 2013). O Tratado de Trianon, por seu lado, cortaria a Hungria em pedaços (Morgado, 2011b) (Kosiek, 1982: 102).

Um dos grandes mentores destas medidas foi, de facto, o Presidente dos E.U.A. Woodrow Wilson (1856-1924). Pouco conhecedor da História e Geografia da Europa – confundia Budapeste com Bucareste frequentemente (Zierer, 1981: 103) – seria óbvio que os seus 14 pontos idealistas haveriam de se revelar um excelente combustível para a II Guerra Mundial.

Mais: perdiam-se os laços do pangermanismo com o Tirol do Sul, Trieste, Trentino, Ístria, Dalmácia, Transilvânia entre tantas outras possessões. Por exemplo, a Jugoslávia – à letra, a "Eslávia do Sul" – um dos projectos mais burlescos do século XX, não seria mais do que o imperialismo sérvio (multinacional) com a bênção da Rússia (Morgado, 2013). Os croatas e eslovenos, católicos e germanizados, viram-se enrodilhados nessa construção e assim ficariam até à sua independência, em 1992.

As decisões do pós-I Guerra Mundial serviram as convicções revanchistas da França, do Reino Unido e dos E.U.A., serviram para impedir a Germânia de voltar a confederar-se no espaço europeu. Como consequência, os Alemães dariam ao NSDAP e a Adolf Hitler a possibilidade de alterar essa ordem. O resultado foi a catástrofe.

A Germânia, cujo percurso geohistórico aqui se delineou desde Arminius, notavelmente desde a cristalização da *Kaiser Idee* germanizada do Império Romano pelo *Kaiser* Karl *der Große*, viveria, a partir de 1918, uma desagregação que nunca conhecera até então – nem mesmo, como se analisou, semelhante ao rescaldo da Guerra dos Trinta Anos, a terrível guerra de religião que reduziu e silenciou o poder e a autoridade do Sacro Império Romano-Germânico, do *Reich* milenar que garantira a união da Cristandade.

De aí em diante, esse Império uno, dividido em dois no século XIX, será fragmentado em nome desse "princípio das nacionalidades", obra da indizível Revolução Francesa, abençoado pelo Reino Unido e pelos E.U.A.

Quanto ao futuro, Popper não permite profecias. Porém, no espaço da Verdade cabe toda a Criação, e segundo o mito, o *Kaiser* lá continua a dormir na gruta da Turíngia, esperando o dia em que receberá de novo a missão de unir a Cristandade e restaurar o *Reich*.

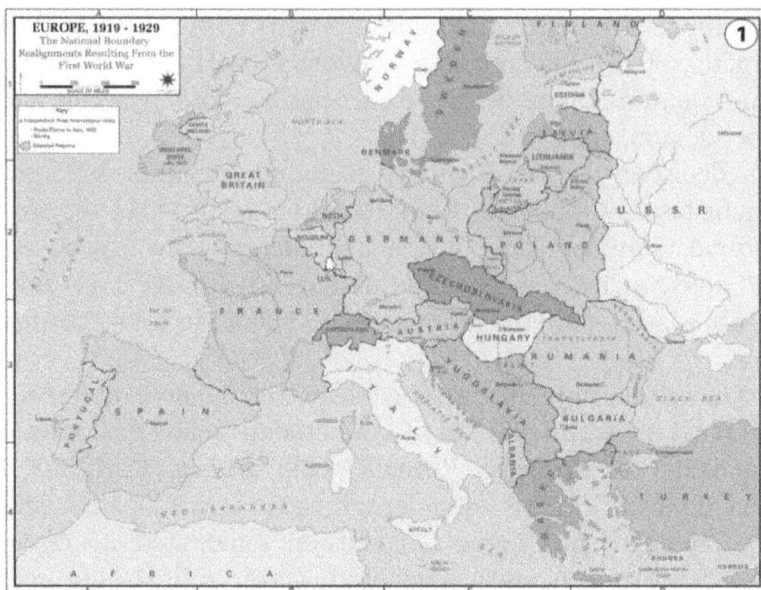

Fig. 19 – Mapa da Europa em 1919
(Learn NC, 2013)

# APONTAMENTOS FINAIS

Ao contemplar a capa deste livro, ao centro e em baixo, observa-se uma torre gótica. Mas, não se trata apenas de uma torre – aquela é, também, uma porta de entrada, o portal que marca o início da parte mais significativa, e mais bela, da estrada imperial que leva o caminhante ao castelo de onde, outrora, o *Kaiser* governava a Cristandade. Escreve-se, se dúvida existe, sobre Praga. Praga cidade na qual, em 1866, foi assinada a Paz que dividiu a Germânia em duas. Praga, portanto, como capital *transhistórica*.

Tal como a torre, também este livro é um *ponto de partida*. Um *ponto de partida,* porque muito fica por investigar, em especial, nos assuntos relativos às relações luso-germânicas: o papel da Rainha D. Maria Ana de Áustria (1683-1754), ou a presença de soldados germânicos no tempo das guerras peninsulares, ou o significado do facto de que último *Kaiser* Habsburg tenha vindo morrer a Portugal, entre muitos outros assuntos; mas sobretudo um *ponto de partida,* porque habilita a *élite* com uma linha geohistórica real que, sistematizada, não pode senão deixar de carregar os ombros com uma responsabilidade, responsabilidade que inclui a tarefa de responder à *Deutsche Frage*. E, acredita-se – essa resposta não será independente do *pangermanismo*.

Apesar de didáctico e acessível a todos, o livro não foi escrito particularmente para instrução das massas, mas antes para influenciar a *élite*, o sujeito activo da História. Se, no entanto, a massa souber instruir-se, tanto melhor.

De facto, a linha geohistórica que este livro estrutura, procura, também, deixar claro que não se pode sustentar esse mecanismo da *luta de classes*. Pelo contrário, o que se verificou empiricamente foi sempre a «luta das elites», nas quais, sublinhe-se, a massa amorfa não fazia mais do que assistir, com maior ou menor grau de interesse, consoante o contexto. Ainda assim, quando, na História dos países da Europa, as elites resolveram actuar *em nome do Povo* é interessante constatar que raramente deixou de correr sangue. Não contando com Sócrates que tomou cicuta, Charles I, Louis XVI – e não se esquece Jesus Cristo – todos foram condenados à morte por meio de votação ou aclamação *em prol do bem do Povo*.

Todo o livro, admita-se, é permeado por uma simpatia particular pelos povos germânicos e germanizados. Negar isso, seria pactuar com uma falsa objectividade e, logo na Introdução, se precaveu que a *"germanophobie"* seria combatida. Dessa forma, e em nome de algum refreamento, escrevem-se algumas linhas mais ácidas.

Na Parte I deste livro, havia-se já alertado para o *lado negro* da Germânia, o lado da *paixão* violenta, dos frutos de uma energia louca ou irracional, de uma vontade de superar Deus ou de se entregar a uma visão dionisíaca da realidade.

Luther (1483-1546) e a destruição da unidade da Cristandade, Kant (1724-1804) e a desestruturação do Real enquanto Cosmos, Hegel (1770-1831) com a inclusão do negativo na Ideia (ou seja a Ideia é ela-mesma e o seu contrário), Marx (1818-1883) com o objectivo básico e *simples* da destruição da Civilização Ocidental, Nietzsche (1844-1900) e a proclamação da «morte de Deus», Freud (1856-1939) e os atentados à moral cristã, Hitler (1889-1945) e o próprio Nacional-Socialismo sem necessidade de explicações, entre muitos, muitos outros, poderão ser considerados e incluídos – sem receio de o afirmar – num *lado negro,* no cômputo dos contributos da Germânia para a Civilização Ocidental.

E ainda hoje continuará o trabalho desse *lado negro*, entre outras obras, na destruição da própria Civilização Ocidental, entre outros agentes, pela *Escola de Frankfurt* – e Frankfurt, outrora cidade-palco das coroações do *Kaiser*, supremo servidor da Cristandade. A *Escola de Frankfurt* dá nome a uma "Perspectiva Crítica", eufemismo neo-marxista de revisão e destruição dos valores da nossa Civilização.

De facto, é importante manter em vista estes exemplos, para que não se caia em idolatrias, necessariamente malévolas, e apartar-se as realizações humanas – e refira-se particularmente as realizações humanas no campo das Ciências Sociais em que trabalhamos – da subjectividade cega e intencional.

Portanto, e embora todos os pensadores sejam sempre permeáveis pela cultura na qual estão incluídos, um facto não deixa de ser um facto. Por exemplo: a Alsácia-Lorena, grosso modo, e desde o Tratado de Verdun (843), pertenceu igualmente por três vezes à Germânia e à França. Contudo, à primeira contam-se cerca de 890 anos e à segunda cerca de 280 anos. Em suma, não será nem à tradição política, nem à geografia, nem a outro elemento primordial que se deve dirigir primeiramente a análise, porém à força, à força à qual se submetem as Relações Internacionais. Não se afirmando nada de novo, não custa, sem embargo, relembrar.

Por último, porquê terminar o livro em 1918, quase a cem anos do momento presente? O fim dos impérios cristãos na *Mitteleuropa* será a primeira justificação. Para além disso, num outro trabalho, já se analisaram as fontes da Escola de Geopolítica Alemã, cujas raízes mergulham na História da Germânia, o seu impacto (ou a falta dele) até ao final da II Guerra Mundial (já que depois disso a Escola foi extinta) e, para mais, analisou-se também a Política Externa da Alemanha até ao II Governo da *Bundeskanzlerin* Merkel. Assim, não estão esses assuntos propriamente inexplorados.

Da Germânia, cuja história este livro descreveu e analisou, não se podem apenas extrair complexos da *"raça ariana"*. Essa realidade é muito pobre, mas hoje é, infelizmente, a predominante. Nada mais distante da realidade geohistórica que aqui tomou forma.

A Germânia *é*, antes, a identificação do solo com a primeira unidade política que elegeu, originalmente, a defesa da Cristandade como objectivo primordial, e que enquanto núcleo geohistórico está hoje fragmentado e encoberto.

Innig bleibt mit kaiserlich Krone
Germania geschick vereint

# NOTAS

*(Daehnhardt, 2010: 24)

(1) Toma-se a definição de Geohistória de Vives (1961) que relaciona a geografia com a organização de sociedades histórias num determinado espaço natural.

(2) *Wehrmann* significa "o homem da guerra".

(3) Como por exemplo Voltaire [*Essai sur l'histoire generale et sur les moeurs et l'esprit des nations*].

(4) Não ficam esquecidas as reformas políticas que implantaram o constitucionalismo na Germânia do século XIX. Todavia, como se constatará, o constitucionalismo era autocrático e profundamente anti-liberal, pelo que se coloca bem longe daqueloutro preconizado pelos seus mestres: Locke, Montesquieu, Kant, entre outros.

(5) No alemão original *Irmin* ou no alemão actual *Hermann*.

(6) De seu nome original *Martinsgans*.

(7) Em especial a guerra a cavalo.

(8) Os Alamanos isolavam-se e viviam no topo das colinas, costume que viria a ser retomado pelos cavaleiros da Baixa Idade Média.

(9) Por isso, é Reims tida como a cidade-símbolo do nascimento da Europa Cristã.

(10) De acordo com o Édito de Milão (313).

(11) Lei Sálica. Introduzia normas societárias que regulavam o crime, impostos, etc. sendo que uma das normas mais conhecidas é a exclusão (absoluta ou circunstancial) das mulheres na linha do trono.

(12) Nesta linha, a legitimação fornecida pelo Império Romano do Oriente foi peça fundamental para a construção do novo xadrez [*geo*]político.

(13) Contratualismo esse nascido bem mais tarde, no século XVII, e radicalizado pelos Iluministas no século XVIII.

(14) Simultaneamente, Justiniano I (483-565) o Imperador Romano do Oriente, ordenou o encerramento da Academia de Platão (Lara, 2007: 562).

(15) Note-se que os Estados Pontifícios – Património de São Pedro - apenas foram suprimidos 1000 anos mais tarde, em 1870,

pelo então Rei de Itália, Vittorio Emanuele II (1820-1878). Até então, os Estados da Igreja, extensa faixa territorial do Mar Tirreno ao Adriático, eram governados pelo Papa e, em Roma, estava sediada a "capital".

(16) Cidades situadas no leste germânico.

(17) Palácio de Inverno da Família Imperial Germânica.

(18) Por exemplo, doenças que assolaram as suas tropas no cerco a Paris.

(19) Embora a Rússia mereça um tratamento específico, pois de acordo com a Escola de Geopolítica Alemã a Rússia deve constituir-se num dos aliados primordiais do espaço germânico (Morgado, 2011b).

(20) Herder, em certo sentido organicista, acabou por criticar mordazmente o pacifista Kant, pensador do contratualismo.

(21) Em Portugal começou além de 1910 – 137 anos depois.

(22) O que viria a ter consequências no desfecho da guerra civil em Portugal, da qual D. Pedro IV sairia vencedor.

(23) Marx pulicara o *Manifesto do Partido Comunista* nesse ano.

(24) No caso de Portugal, a influência da hereditariedade na política é um dado historicamente comprovável, não fosse o país dominado por um número reduzido de famílias, que continua ainda actualmente a partilhar entre si o poder e a guardá-lo para os seus protegidos, sendo que o leque vai de famílias que se instalaram no poder durante o liberalismo até ao Partido Socialista e ao Partido Social Democrata.

(25) Em verdade, parte da nobreza germânica haveria de redimir-se do seu abandono do controlo político quando, mais tarde, se opôs com hombridade às loucuras do «III. *Reich*», nomeadamente tentando remover Hitler. Entre essa nobreza estaria: Claus Graf von Stauffenberg, Carl-Hans Graf von Hardenberg, Henning von Tresckow, Heinrich Graf von Lehndorff-Steinort, entre outros.

# ANEXOS

# Anexo 1

# CRONOLOGIA

**Objectivo:** Fornecer uma perspectiva ágil *transhistórica* sobre o poder da Germânia no espaço da *Mitteleuropa*

9 d.C. Derrota do Império Romano nas florestas de Teutoburg

486 O Rei franco Chlodwig é baptizado em Reims

751 Pepino-o-Breve é sagrado Rei dos Francos

800 Noite de Natal – Karl *der Große* é coroado *Imperator Augustus* pelo Papa Leão III. O seu Império englobava, para além da França, as actuais: *Kleindeutschland* (excepto o leste), Boémia, Morávia, Áustria, Eslovénia, Croácia, Bósnia-Herzegovina, Países Baixos, Bélgica, Luxemburgo, Suíça, parte da Hungria, quase toda a Itália, entre outros territórios.

843 Tratado de Verdun: o Império Carolíngio é dividido em três: *Francia* Ocidental, *Francia* Oriental e Lotaríngia.

925 Lothringen torna-se um ducado germânico

962 Otto I. coroado Imperador Romano-Germânico pelo Papa João XII

1033 A Borgonha foi incorporada no Império

1100 O Reino da Hungria inicia a integração do território eslovaco que terminará por volta do ano 1300

1102 O Reino da Hungria apodera-se da Coroa da Croácia (cujo reino incluía grande parte da actual Bósnia-Herzegovina). Ambos se ligarão ao Sacro Império Romano-Germânico e depois Império Austro-Húngaro até 1918

1122 Concordata de Worms

1154 Re-início de incursões aos territórios italianos

1156 A Áustria torna-se um ducado

1211 Presença teutónica na Transilvânia (província da Roménia na actualidade)

1255 Fundação de Königsberg

1274 Fundação de Marienburg primeira capital da Prússia (hoje na Polónia) – impulso nas conquistas teutónicas contra os eslavos de leste

1291 Primórdios da independência da Suíça face ao Sacro Império

1356 Karl IV. determina os 7 eleitores (Bula de Ouro)

1389 Batalha do Kovoso: os Otomanos vencem e os Sérvios são derrotados. As regiões que escapam aos Otomanos são estendidas sob o domínio do Sacro Império.

1453 O sultão Mehmet II conquista Constantinopla e os Otomanos convertem o Império Romano do Oriente - um Império Helénico - no braço do Islão que se estende pela Europa

1466 Paz de Thorn: divisão dos territórios da Prússia. Refluxo da Ordem Teutónica.

1486 Início do reinado de Maximilian I.

1516 Carlos I herda Reinos de Castela e Aragão

1517 Início da Reforma Protestante

1520 Carlos I das *Espanhas* torna-se Sacro Imperador reunindo um *"Império onde o Sol nunca se põe"*

1525 Secularização dos territórios da Prússia que se encontravam sob autoridade da Ordem Teutónica

1526 Batalha de Mohács

1527 O Reino da Boémia filia-se à coroa do Sacro Império

1529 Turcos às portas de Wien

1555 Paz de Augsburg

1556 O Imperador Karl V. abdica e divide o Império: *Espanhas* e Império Colonial castelhano para o filho Felipe II e o Sacro Império para o irmão Ferdinand I.

1618-48 Guerra dos 30 anos – uma guerra civil no Sacro Império. Independência definitiva das Províncias Unidas face ao Sacro Império

1681 França ocupa a Alsácia-Lorena

1683 Cerco falhado dos turcos a Wien

1699 Assinatura do famoso Tratado de Karlowitz que marca o início do declínio do Império Otomano e volta a reunir a Hungria e todos os seus domínios no Sacro Império

1701 Com a permissão do Sacro Imperador Leopold I, o Eleitor do Brandenburg torna-se Rei da Prússia (passo fundamental no caminho para o II *Reich* – 1871)

1706 O Arquiduque Karl von Habsburg (futuro Imperador Karl VI.) coroa-se Rei de Espanha querendo repetir o feito de Karl V., mas é destronado na Guerra de Sucessão Espanhola (1702-1713)

1714 O Eleitor de Hannover torna-se Rei de Inglaterra (a dinastia alemã de monarcas ingleses perdura até hoje)

1772-95 Partilhas sucessivas da Polónia entre o Sacro Império (Prússia e Áustria) e o Império Russo

1789 Revolução Francesa

1805 Batalha de *Austerlitz.*

1806 (6 de Agosto) - Dissolução do milenar Sacro Império Romano-Germânico. Criação napoleónica da Confederação do Reno. Proclamação da independência do Liechtenstein. Proclamação do Império Austríaco.

1815 Congresso de *Wien*. Institucionalização da Confederação Germânica. Santa Aliança

1821/30 Guerra da independência da Grécia contra os otomanos

1830 Declaração da independência da Bélgica face aos Países Baixos

1833 *Zollverein*

1848 Revoluções liberais na Germânia: Alemanha, Áustria, Boémia, Hungria

1849 Derrota dos liberais. Restauração das forças conservadoras, vitória da Contra- Revolução.

1861 Unificação de Itália

1866 Guerra austro-prussiana, derrota do Império Habsburg em *Königgräzt*. Fim da *Deutscher Bund*. Proclamação da Confederação da Germânia do Norte.

1867 Proclamação do Império Austro-Húngaro. Proclamação da independência do Luxemburgo.

1870-1 Guerra Franco-Prussiana. Germânia reconquista a Alsácia-Lorena.

1871 Proclamação do *II Reich*;

1876 A Bósnia-Herzegovina torna-se um protectorado do Império Austro-Húngaro, à revelia do interesse sérvio

1898 Início da Política Colonial Alemã em África

1908 O Império Austro-Húngaro anexa a Bósnia-Herzegovina. Independência da Bulgária.

1912/3 Coligação entre a Sérvia, Montenegro, Grécia e Bulgária para expulsar os otomanos da península. Partilham, entre si, o território: a Sérvia conquista a Macedónia e o Kosovo, a Grécia anexa a ilha de Creta e a Bulgária estende-se até ao Mar Egeu. É criado o novo estado da Albânia.

1914 A Áustria-Hungria declara guerra à Sérvia derivado do assassinato do herdeiro Habsburg Franz Ferdinand em Sarajevo por mão de um sérvio. I Guerra Mundial. A Bulgária combaterá ao lado dos alemães, austríacos e otomanos.

1916 Hindenburg e Ludendorff estabelecem uma ditadura militar na Alemanha

1918 Proclamação do Reino dos Sérvios, Croatas e Eslovenos.

Wilhelm II. abdica do título de *Kaiser* ; Queda do II *Reich*. Fim da I Guerra Mundial. O II *Reich* é amputado: Prússia Oriental e partes da Polónia e o Império Austro-Húngaro, respectivamente na Áustria, Hungria, Eslovénia, Croácia, Bósnia-Herzegovina (estes três aglomerados em reino), Checoslováquia, partes da Polónia, Ucrânia, Roménia, Itália e Sérvia.

1919 *Diktat* de Versailles. Alsácia-Lorena é entregue à França.

# Anexo 2

# LINHA DOS IMPERADORES E REIS DA GERMÂNIA (a)

*I. Reich* – Sacro Império Romano-Germânico (800-1806)

**Dinastia Karolinger**

**Karl** *der Große* (747-814) Imperador (**Império Carolíngio**)

**Ludwig I.** *der Fromme* (778-840) Imperador (filho de Karl *der Große*; **Império Carolíngio**)

**Lothar I.** (795-855) Imperador (filho de Ludwig I. *der Fromme*; Lotaríngia)

**Ludwig** *der Deutsche* (804-876) Rei (irmão de Lothar I; Francia Oriental)

**Ludwig** *der Jüngere* (822-875) Imperador (Filho de Lothar I; Francia Oriental e Lotaríngia pelo Tratado de *Meersen*, 870)

**Karl II.** *der Kahle* (823-877) Imperador (filho de Ludwig *der Fromme*; envolve-se em guerras com a família e acaba apenas Rei de *Francia* Ocidental)

**Karl III.** *der Dicke* (839-888) Imperador (filho de Ludwig, *der Deutsch*; conseguiu refazer *quasi* na totalidade o **Império Carolíngio** – à excepção da Provença e da Borgonha)

191

**Arnulf von Kärnten** (850-899) Imperador (filho Karlmann; sobrinho de Karl, *der Dicke;* último dos carolíngios)

**Karl III.** *der Einfältige* (879-929) Imperador (filho de Ludwig II. *der Stammler*)

Ludwig III. *das Kind* (893-911) Rei (filho de Arnulf; Francia Oriental e Lotaríngia)

Ludwig IV. *Transmarinus* (920-954) Rei (filho de Karl III. *der Einfältige*)

**Dinastia Konradiner**

Konrad I. (880-918) Rei (Herzog von Franken, considerado o "primeiro" Rei Germânico)

**Dinastia Ottonen ou Liudolfinger**

Heinrich I. *der Vogler* (875-936) Rei (Herzog von Sachsen)

**Otto I.** (912-973) Imperador (filho de Heinrich I.)

**Otto II.** (955-983) Imperador (filho de Otto I.)

**Otto III.** (980–1002) Imperador (filho de Otto II.)

**Heinrich II.** *der Heilige* (973-1024) Imperador (filho de Heinrich II. Herzog von Bayern)

## Dinastia Salier

**Konrad II.** *der Salier* (989-1039) Imperador (Herzog von Franken, filho de Heinrich von Salien)

**Heinrich III.** *der Schwarze* (1017-1056) Imperador (filho de Konrad II.)

**Heinrich IV.** (1050-1106) Imperador (filho de Heinrich III.)

**Heinrich V.** (1086-1125) Imperador (filho de Heinrich IV.)

## Dinastia de Süpplinburger

**Lothar III.** (1075-1137) Imperador (Herzog von Sachsen, filho de Graf Gebhard von Süpplingenburg)

## Dinastia Hohenstaufen

Konrad III. (1093-1152) Rei (filho de Friedrich von Staufen, Herzog von Schwaben)

**Friedrich I.** *Barbarossa* (1122-1190) Imperador (Herzog von Schwaben, sobrinho de Konrad III., filho de Friedrich II. Herzog von Schwaben)

**Heinrich VI.** (1165-1197) Imperador (filho de Friedrich I. *Barbarossa*)

Philipp von Schwaben (1177-1208) Rei (filho de Friedrich I. *Barbarossa*)

## Dinastia Welfen

**Otto IV.** (1175-1218) Imperador (filho de Heinrich Welf)

## Dinastia Hohenstaufen

**Friedrich II.** (1194-1250) Imperador (filho de Heinrich VI.)

Heinrich (VII.) (1211-1242) Rei (filho de Friedrich II.)

Konrad IV. (1228-1254) Rei (filho de Friedrich II.)

## | GRANDE INTERREGNO |

## Dinastia Habsburger

Rudolf I. (1218-1291) Rei (filho de Albrechts IV. Graf von Habsburg)

## Dinastia Nassau

Adolf von Nassau (1250-1298) Rei (filho Graf Walram II. von Nassau)

## Dinastia Habsburger

Albrecht I. (1255-1308) Rei (filho de Rudolf I. Rei da Germânia)

---

## Dinastia Luxemburger

**Heinrich VII.** (1274-1313) Imperador (filho de Heinrich, Graf von Luxemburg)

## Dinastia Wittelsbacher

**Ludwig IV.** *der Bayer* (1282-1347) Imperador (filho de Ludwing II. Herzog von Bayern)

## Dinastia Luxemburger

**Karl IV.** (1316-1378) Imperador (neto de Heinrich VII.)

**Wenzel** (1361-1419) Rei (filho de Karl IV.)

**Sigismund** (1368-1437) Imperador (filho de Karl IV.)

## Dinastia Habsburger

Albrecht II. (1397-1439) Rei (filho de Herzog Albrechts IV. von Österreich)

**Friedrich III.** (1415-1493) Imperador (filho de Ernst, Herzog von Österreich)

**Maximilian I.** (1459-1519) Imperador (filho de Friedrich III.)

**Karl V.** (1500-1558) Imperador (filho de Philipps I. der Schöne, neto de Maximilian I.)

**Ferdinand I.** (1503-1564) Imperador (filho de Philipp I der Schöne, irmão de Karl V.)

**Maximilian II.** (1527-1576) Imperador (filho de Ferdinand I.)

**Rudolf II.** (1552-1612) Imperador (filho de Maximilian II.)

**Matthias** (1557-1619) Imperador (filho de Maximilian II., irmão de Rudolf II.)

**Ferdinand II.** (1578-1637) Imperador (neto de Ferdinand I.)

**Ferdinand III.** (1608-1657) Imperador (filho de Ferdinand II.)

**Leopold I.** (1640-1705) Imperador (filho de Ferdinand III.)

**Joseph I.** (1678-1711) Imperador (filho de Leopold I.)

**Karl VI.** (1685-1740) Imperador (filho de Leopold I., irmão de Joseph I.)


**Dinastia Wittelsbacher**

**Karl VII.** (1697-1746) Imperador (filho de Kurfürsten Maximilian Emanuel von Bayern)


**Dinastia Habsburger**

**Maria Theresia** (1717-1780) Imperatriz (filha de Karl VI.) e **Franz I.** (1708-1765)

**Joseph II.** (1741-1790) Imperador (filho de Maria Theresia)

**Leopold II.** (1747-1792) Imperador (filho de Maria Theresia, irmão de Joseph II)

**Franz II.** (1768-1835) Imperador (filho de Leopold II.)

# DISSOLUÇÃO DO SACRO IMPÉRIO ROMANO-GERMÂNICO

## *Deutscher Bund* (1815-1866)

### Presidentes

**Franz I.** (1768-1835) Imperador (filho de Leopold II. do Sacro Império)

**Ferdinand I.** (1835-1848) Imperador (filho de Franz I. (II.))

**Franz Joseph** (1830-1916) Imperador (neto Franz I.)

## DISSOLUÇÃO DA DEUTSCHER BUND

|  | *Império Austríaco* (1804-1918) e depois |
|---|---|
| *II. Reich* (1871-1918) | *k.u.k. Doppelmonarchie* (1867-1918) |

| Dinastia Hohenzollern | Dinastia Habsburger |
|---|---|
| Wilhelm I. (1797-1888) | Franz I. (1768-1835) Imperador (filho de Leopold II.) |
| Friedrich III. (1831-1888) | Ferdinand I. (1835-1848) Imperador (filho Franz I.) |
| Wilhelm II. (1859-1941) | Franz Joseph (1830-1916) Imperador (neto Franz I.) |
|  | Karl I. (1887-1922) Imperador (sobrinho-neto de Franz Joseph) |

## DISSOLUÇÃO DOS DOIS IMPÉRIOS

a) Desta lista constam apenas os mais importantes. Não estão incluídos [anti-]Reis como, por exemplo, Rudolf von Rheinfelden (1025-1080). No que se refere especificamente à dinastia Karolinger, a lista é meramente uma tentativa de sistematização, já que muitas vezes não existe consenso entre os historiadores se determinado individuo foi coroado Rei ou Imperador.

# Anexo 3
# MÚSICA

## KAISERHYMNE
### Império Austro-Húngaro (1848/1867-1918)

*Gott erhalte, Gott beschütze*

*Unsern Kaiser, unser Land!*

*Mächtig durch des Glaubens Stütze*

*Führt er uns mit weiser Hand!*

*Laßt uns seiner Väter Krone*

*Schirmen wider jeden Feind:*

*Innig bleibt mit Habsburgs Throne*

*Österreichs Geschick vereint.*

[Disponível em: http://www.youtube.com/watch?v=PXzvMF7Dx6g]

## DAS LIED DER DEUTSCHEN
### Hino da Alemanha desde 1922

*Deutschland, Deutschland über alles,*

*Über alles in der Welt,*

*Wenn es stets zu Schutz und Trutze*

*Brüderlich zusammenhält,*

*Von der Maas bis an die Memel,*

*Von der Etsch bis an den Belt –*

*Deutschland, Deutschland über alles,*

*Über alles in der Welt!*


*Deutsche Frauen, deutsche Treue,*

*Deutscher Wein und deutscher Sang*

*Sollen in der Welt behalten*

*Ihren alten schönen Klang,*

*Uns zu edler Tat begeistern*

*Unser ganzes Leben lang –*

*Deutsche Frauen, deutsche Treue,*

*Deutscher Wein und deutscher Sang!*


Desde 1945 apenas esta estrofe é cantada:

*Einigkeit und Recht und Freiheit*

*Für das deutsche Vaterland!*

*Danach lasst uns alle streben*

*Brüderlich mit Herz und Hand!*

*Einigkeit und Recht und Freiheit*

*Sind des Glückes Unterpfand –*

*Blüh im Glanze dieses Glückes,*

*Blühe, deutsches Vaterland!*

[Disponível em: http://www.youtube.com/watch?v=s2IaFaJrmno]

---

**Marchas:**

*Badenweiler Marsch*

[Disponível em: http://www.youtube.com/watch?v=1zvpWUCF3y4]

*Memelland*

[Disponível em: http://www.youtube.com/watch?v=DBjlDaWSZA8]

*Preussens Gloria*

[Disponível em: http://www.youtube.com/watch?v=xsr3mf8GKio]

*Radetzky-Marsch*

[Disponível em: http://www.youtube.com/watch?v=Afm9pV8rypQ]


**Outras músicas:**

*Elsassiches lied*

[Disponível em: http://www.youtube.com/watch?v=vA7m36cdFc8]

*Ich bin ein Preuße, kennt ihr meine Farben?*

[Disponível em: http://www.youtube.com/watch?v=Z-Tl7_6mQCA]

*Siebenbürgerlied*

[Disponível em: http://www.youtube.com/watch?v=cRDtY4KfMqE]

*Sudetenland, mein Heimatland*

[Disponível em: http://www.youtube.com/watch?v=A9nqwf4s9Dw]

*Was ist des Deutschen Vaterland?*

[Disponível em: http://www.youtube.com/watch?v=oHHxc5x6PjY]

*Westpreußen, mein lieb' Heimatland*

[Disponível em: http://www.youtube.com/watch?v=fQcIDozJcu0]

*Wie Böhmen noch bei Öst´rreich war*

[Disponível em: http://www.youtube.com/watch?v=BzOxZT86Y9g]

# Anexo 4

# PERGUNTAS E RESPOSTAS BÁSICAS SOBRE A GEOHISTÓRIA DA GERMÂNIA

- Existirá uma *Nação Alemã*?
  - o Na perspectiva deste livro, não existirá. Antes existirão *nações germânicas*, como por exemplo: Bávaros, Francos, Suábios, Borgonheses, Saxões, Turíngios, etc.
- Quais são os pilares da identidade germânica? A raça faz parte dela?
  - o A raça não fará parte, sendo que os pilares serão a língua e a cultura. A nação é uma realidade geográfico-cultural e não antropológica-racial.
- A cultura germânica é uma *cultura-viveiro*? Porquê?
  - o Sim, na medida em que a cultura germânica se perpetuou pela História e os seus valores alongam-se pelos séculos. Valores de militarismo e apetência pela guerra, pangermanismo, concepções elitistas, contra-revolucionárias, anti-democráticas e de mobilização por uma causa comum.

- Qual o nome do primeiro caudillho germânico?
  - o Arminius.
- Quais foram os povos germânicos que marcaram presença na Península Ibérica?
  - o Os Suevos, os Vândalos e os Visigodos.
- Em que século surgiu a palavra *"Deutsch"*?
  - o No século VIII.
- Quais foram as *três fases* da Cristianização da Germânia?
  - o Romanização, Chlodwig e Karl *der Große*.
- Em que ano e com que Imperador se fundou o que viria a ser o Sacro Império Romano-Germânico?
  - o No ano 800 com o *Kaiser* Karl *der Große*.
- A História da Germânia é feita por ciclos de poder hegemónico. Nomeie 5 desses ciclos.
  - o Karl *der Große*, Otto *der Große*; Heinrich III., Karl IV., Karl V.
- Nomeie 5 dinastias que governaram o Sacro Império Romano-Germânico.
  - o Karolinger, Ottonen, Salier, Hohenstaufen, Habsburg.
- Como se chama a Ordem Militar Germânica que fundou a Prússia cristã?
  - o Ordem Teutónica.

- Que organização económica se constituiu entre as cidades comerciais e marítimas do norte da Germânia? Quando?
  o Liga Hanseática, fundada em 1141.
- Como se designa o período em que aristocracia germânica não se entendeu para eleger o Imperador?
  o Grande Interregno
- À Bula Dourada, quantos eram os Príncipes-Eleitores?
  o Sete: os arcebispos de Mainz, Trier e Köln, o Conde-Palatino do Reno, o Duque da Saxónia, o Rei da Boémia e o Margrave do Brandeburgo.
- Que espécie de movimento destruiu a unidade da Cristandade?
  o A Reforma Protestante.
- Como se designa a última Guerra de Religião na Europa?
  o Guerra dos Trinta Anos.
- Indique dois poderosos rivais históricos do *Reich*.
  o França e Império Otomano
- Que monarca encarnou com maior ênfase as ideias do Despotismo Esclarecido?
  o Friedrich II., Rei da Prússia.
- Que acontecimento influiu para a dissolução do *Reich*?
  o A Revolução Francesa.

- Em que ano foi dissolvido o I. *Reich*?
  - o No ano de 1806.
- Que evento reconstruiu as estruturas políticas da Europa Central depois da queda de Napoleão? Quando se levou a cabo?
  - o O Congresso de *Wien* de 1815.
- Em que ano se deu a *Primavera dos Povos*? Qual foi a facção vencedora?
  - o Em 1848. Venceram as forças contra-revolucionárias.
- Que batalha separou definitivamente a *Germânia* Setentrional da *Germânia* Meridional?
  - o A Batalha de Königgrätz de 1866.
- Quais os dois Impérios que se haveriam de formar após essa batalha?
  - o II *Reich* a norte e o Império Austro-Húngaro a sul.
- Quando foram dissolvidos tais Impérios?
  - o Após a I Guerra Mundial.

# Anexo 5
# GLOSSÁRIO BILINGUE E SIGLAS

*Alldeutscher Verband*   Liga Pangermanista

*Bundesrat/Reichsrat*   Conselho Federal

*Bundeskanzler/in*   Chanceler (pós-1949)

*Deutsche Frage*   Questão Alemã

*Deutscher Bund*   Confederação Germânica (1815 – 1866)

*Deutsches Kaiserreich*   II. *Reich* (1871-1918)

*Deutsches Reich*   Império Alemão (*lato sensu*)

*Deutsches Volk*   Povo Alemão

*Doppelmonarchie*   [k.u.k.] Império Austro-Húngaro (1867-1918)

*Fürst*   Príncipe

*Graf*   Conde

*Großdeutschland*   Grande Alemanha

*Hausmeier*   Mordomo do Palácio

*Herzog*   Duque

*Junker*   Terra-tenente, aristocracia proprietária

*Kaiser*   Imperador

*Kaiser Idee*   Ideia Imperial

*Kleindeutschland*   Pequena Alemanha

*König*   Rei

*Königreich*   Reino

---

| | |
|---|---|
| *Kulturkampf* | Luta Cultural |
| *Kurfürst* | Príncipe-Eleitor |
| *Kurfürstkollegium* | Colégio Imperial |
| *Kurpfalze* | Eleitorado do Palatinato |
| *Lebensraum* | Espaço vital |
| *Ministerpräsident* | (equivalência a) Primeiro Ministro |
| *Mitteleuropa* | Europa Central (conceito geopolítico) |
| *Mittelstand* | Classe Média |
| *Norddeutscher Bund* | Confederação Germânica do Norte (1866-1871) |
| NSDAP | *NationalSozialistiche Deutsche Arbeiter Partei* [Partido Nacional-Socialista dos Trabalhadores Alemães] |
| *Österreichisch-Ungarrische Monarchie* | *Doppelmonarchie* |
| *Reich* Império | |
| ***I Reich:*** | |
| *Heiliges Römisches Reich Deutscher Nation* | Sacro Império Romano-Germânico (800-1806) |
| ***II Reich:*** | |
| *Deutches Kaiserreich* | Império Alemão (1871-1918) |

*«III Reich»:*

| | |
|---|---|
| *Deutsches Reich (Nationalsozialismus)* | "Império" Nacional-Socialista (1933-1945) |
| *Reichsfeinde* | Inimigos do Império |
| *Reichskanzler* | Chanceler do *Reich* (usado até 1945) |
| *Reichstag* | Parlamento (câmara baixa) |
| *Reichsrat* | Conselho Federal (câmara alta) |
| UE | União Europeia |
| *Vormärz (1815-1848)* | Antes das revoluções liberais de 1848 |
| *Walküre* | Valquíria |
| *Weltanschauung* | Mundividência |
| *Weltmacht* | Poder Mundial |
| *Weltpolitik* | Política Mundial |
| *Wehrmacht* | Exército do «III. *Reich*» |
| *Zollverein* | União Aduaneira |

NUNO MORGADO

_____

# BIBLIOGRAFIA

Abrams, L., 1995. *Bismarck and the German Empire - 1871-1918*. London: Routledge.

Agnew, H. 2004. *The Czechs and the Lands of Bohemian Crown*. Standford: Hoover Institution Press.

Angebert, J., 1973. *Hitler e as Religiões da Suástica*. Amadora: Bertrand.

Anon., 1963. *Das Alte Salzburg*. Austria: Verlag Galerie Welz Salzburg.

Anon., 2008. *Brandenburgs Kurfürsten, Preussens Könige, Deutsche Kaiser*. Karwe: Rieger.

Ball, K., s.d. *Unter Deutschland*. Berlin: Verlag Ludwig Simon.

Bessa, A., 1993. *Quem Governa? Uma análise Histórico-Política do Tema da Elite*. Lisboa: Instituto Superior de Ciências Sociais e Políticas.

Bessa, A., 1997. *O Trabalho das Ideias*. Lisboa: Instituto Superior de Ciências Sociais e Políticas.

Bessa, A., e Pinto, J., 1999. *Introdução à Política - O Poder na História*, vol. I. Lisboa: Verbo.

Bessa, A. e Graça, P., ed., 2008. *Uma visão estratégica do mar na geopolítica do Atlântico*. Lisboa: Comissão Cultural da Marinha.

Bíblia: Nova Bíblia dos Capuchinhos, 1ª ed., 1998. Lisboa: Difusora Bíblica.

Bismarck, O., s.d. *Parlamentarische Reden. Fünfte Abteilung*. Stuttgart: Union Deutsche Verlagsgesellschaft.

Bismarck, O., 1931. *Fürst Bismarcks Briefe an seine Braut und Gattin*. Berlin: J.S.G.B. Nachfolger.

Bogdan, H., 2002. *Les Chevaliers Teutoniques*. Paris: Perrin.

Bogdan, H., 2003. *Histoire de L'Allemagne – de la Germanie à nos jours*. Paris: Perrin.

Bremer, H., e Storz, H., 1953. *Kirchengeschichtliche Charakterbilder*. Bonn: Peter Hanstein Verlag.

Chaliand, G., e Rageau, J., 1993. *Atlas dos Impérios*. Lisboa: Editorial Teorema.

Clausewitz, C., 2003. *Princípios da Guerra*. Lisboa: Edições Sílabo.

Čornej, P. e Pokorný, J., 2003. *Historia breve de los Paises Checos hasta el año 2004*. Praga: Práh.

Correia, P., 2004. *Manual de Geopolítica e Geoestratégia* (Vol.1). Coimbra: Quarteto

Corvisier, A., 1976. *História Universal. O Mundo Moderno*. Lisboa: Ática.

Cruz, M., 2004. *Teorias Sociológicas. Os fundadores e os clássicos*. Lisboa: Fundação Calouste Gulbenkian.

Davidson, H., 1990. *Gods and Myths of Northern Europe*. London: Penguin Books.

Daehnhardt, R., 2000. *Páginas Secretas da História de Portugal*. Parede: Quipu.

Daehnhardt, R., 2002. *Segredos da História Luso-Alemã*. Parede: Quipu.

Daehnhardt, R., 2005. *Portugal Cristianíssimo*. Corroios: Zéfiro.

Daehnhardt, R., 2010. *Homens, Espadas e Tomates*. Sintra: Zéfiro.

Dawson, W., 1941. *Pequena História da Alemanha*. Lisboa: Inquérito.

Defarges, P., 2003. *Introdução à Geopolítica*. Trajectos. Lisboa: Gradiva.

Dietwart, H., 1981. *Hundert Jahre Deutsches Schiksal*. Rosenheim: Deutsche Verlaggeselschaft.

Duroselle, J., 1992. *A Europa de 1815 aos nossos dias*. São Paulo: Livraria Pioneira Editora.

Ehrhardt, M., 1989. *A Alemanha e os Descobrimentos Portugueses*. Lisboa: Texto Editora.

Engelberg, E., 1985. *Bismarck, Urpreusse und Reichsgründer*. Berlin: Im Siedler Verlag.

English-Online, 2013. *The Middle Ages*. [online] Disponível em: http://www.english-online.at/history/middle-ages/middle-ages-timeline.htm [Consultado em 09 de Janeiro de 2010].

Euratlas, 2012. *Europe in Year 900.* [online] Disponível em: http://www.euratlas.net/history/europe/900/index.html [Consultado em 22 de Julho de 2013].

Ferguson, N., 1999. *The Pity of War.* New York: Basic Books.

Fischer, M., 2007. *Guilherme II – O Último Imperador da Alemanha.* Estoril: Principia.

Fricke, G.., e Klotz, V., 1971. *Geschichte der Deutschen Literatur.* Lübeck: Matthiesen.

Fulbrook, M., 2008. *A concise History of Germany.* Cambridge: Cambridge University Press.

Gaile, J., 1991. *Wir Deutschen, Eine Reise zur den Schauplätzen der Vergangenheit.* Dortmund: Kartographischer Verlag Busche.

Gardiner, P., 2008. *Teorias da História.* Lisboa: Fundação Calouste Gulbenkian.

Garbtheworld, 2013. [online] Disponível em: http://www.garbtheworld.com/images/hist/VisigothKingdom.jpg [Consultado em 22 de Julho de 2013].

Görtemaker, M., 1994. *Deutschland im 19. Jahrhundert, Entwicklungslinien.* Opladen: Leske + Budrich.

Haenens, A. e Philippart, R., ed., 1999. *Identité nationale et dimension europeénne – Le Grand-Duché de Luxembourg – entre les univers roman et germanique.* Luxembourg: Editions Saint-Paul.

Hampe, K., 1955. *Herrscher Gestalten des Deutschen Mittelalters.* Heidelberg: Quelle & Meyer.

Hartenstein, E., 1986. *Die Lawine – Roman um Armin den Cherusker.* Berlin: Verlag Neues Leben Berlin.

Heers, J., 1977. *História Universal. O mundo medieval.* Lisboa: Círculo de Leitores.

Heyck, E., 1905. *Deutsche Geschichte. Vol. I.* Leipzig: Verlag von Velhagen & Klasing.

Hobbes, T., 2002. *Leviatã.* Lisboa: Imprensa Nacional-Casa da Moeda.

Hofstätter, H., s.d. *Spätes Mittelater.* München Naturlis Verlag.

Iáñez, E., 1989. *História da Literatura. A Idade Média. Vol.2.* Lisboa: Planeta Editora.

Il Sacro Impero in nummis, 2013. [online] Disponível em: http://sri.lamoneta.it/index.php [Consultado em 09 de Janeiro de 2010].

Jacobsen, H., 2000. *An outline History of Denmark.* Kønbenhavn: Høst & Søn.

Janβen, K., 2003. *Und morgen die ganze Welt...* Bremen: Donat Verlag.

Jestice, P., 2008. *The Timeline of Medieval Warfare.* London: Amber Books.

Knopp, G. e Kuhn, E., 1990. *Die Deutsche Einheit, vom Traum zur Wirklichkeit.* Wien: Straube.

Kosiek, R., 1982. *Deutsches Land in fremder Hand. Tausend Jahre Grenzlandschicksal.* Rosenheim: Deutsche Verlagsgeselschaft

Krockow, C., 1990. *Die Deutschen in ihren Jahrhundert 1890-1990.* Hamburg: Rowohlt.

Kümmerly, H., *et al*, 2004. *La Suisse et sa pluralité.* Schönbühl-Bern: Präsenz Schweiz.

Lara, A., 2007. *Ciência Política. Estudo da Ordem e da Subversão.* Lisboa: Instituto Superior de Ciências Sociais e Políticas.

Learn NC, 2013. *The Treaty of Versailles.* [online] Disponível em: http://www.learnnc.org/lp/editions/nchist-newcentury/6296 [Consultado em 25 de Julho de 2013].

Lilje, H., 1983. *Martin Luther 1483/1983.* Bonn: Inter Nationes

Lopes, M., e Martins, M., 2006. *A Peste das Almas – Histórias de Fanatismo.* Rio de Janeiro: Editora FGV.

Loução, P., 2002. *Os Templários na formação de Portugal.* Lisboa: Ésquilo.

Macedo, J., 1968. *História Universal. vol. 16. A Revolução Industrial. O liberalismo. Os novos impérios.* Lisboa: Europa-América.

Magris, C., 1990. *Danube.* London : Collins Harvill.

Maltez, J., 1991. *Ensaio sobre o Problema do Estado. Tomo I: à procura da República Maior* e *Tomo II: da Razão de Estado ao*

*Estado-Razão*. Amadora: Academia Internacional de Cultura Portuguesa.

Map Collection, 2013. *Austro-Hungarian Empire, 1914*. [online] Disponível em: http://mapcollection.wordpress.com/2012/09/18/austro-hungarian-empire-1914/ [Consultado em 25 de Julho de 2013].

Marjay, F., 1971. *Portugal, o Norte Pitoresco*. Lisboa: Bertrand.

Medieval Times, 2013. *Suebic (Suevic) Kingdom*. [online] Disponível em: http://www.medievaltimes.info/medieval-europe-5th-to-9th-c/suebic-suevic-kingdom/ [Consultado em 22 de Julho de 2013].

Meleiro, M., 1994. *A Mitologia dos Povos Germânicos*. Lisboa: Presença.

Menzel, M., 2003. *Gekrönte Häupter, Die Deutschen Kaiser von Karl dem Grossen bis Wilhelm II*. Köln: Parkland.

Merian, M., 1962. *Deutsche Städte*. Hamburg: Hoffman und Campe Verlag.

Metternich, K., 1942. *Geist und Herz verbündet – Metternichs Briefe an die Gräffin Lieven*. Wien: Wilhelm Andermann Verlag.

Milza, P., 1995. *As Relações Internacionais de 1871 a 1914*. Lisboa: Edições 70.

Michels, R., 2001. *Para Uma Sociologia dos Partidos Políticos na Democracia Moderna*. Lisboa: Antígona.

Miranda, J., 2003. *Manual de Direito Constitucional. Tomo I – Preliminares. O Estado e os Sistemas Constitucionais*. Coimbra: Coimbra Editora.

Morgado, N., 2010. *O Arco da Latinidade – uma perspectiva histórico-cultural da Roménia*. Madrid: Bubok. Available at: http://www.bubok.pt/libros/2868/O-Arco-da-Latinidade

Morgado, N., 2011a. *Da Avaliação do Potencial Estratégico da Alemanha*. Madrid: Bubok. Disponível em: http://www.bubok.pt/libros/4322/Da-avaliacao-do-potencial-estrategico-da-Alemanha

Morgado, N., 2011b. *Império Germânico: desígnio anulado ou a renascer? Uma perspectiva geopolítica.* Dissertação de Mestrado. Instituto Superior de Ciências Sociais e Políticas.

Morgado, N., 2011c. Blue-Black-White: Baltic Sea and a shared History. German-Baltic Republic's relations, cooperation after *Ostsiedlung.* The Estonian case. In: CRCEES (Centre for Russian, Central and East European Studies - University of Glasgow), *Perspectives on Estonia: Present, Past and Future - 2^{nd} International Symposium on Estonian society, history and culture.* Glasgow, United Kingdom, 2-3 December 2011.

Morgado, N., 2011d. D. Fortunato de S. Boaventura – vulto do pensamento contra-revolucionário português do século XIX. *Finis Mundi,* N° 3, pp. 141 – 158.

Morgado, N., 2013. Ex-*Jugoslávia*: a regra da Europa ou a excepção dos Balcãs? *Finis Mundi,* N° 6, pp. 177-202.

Morgado, N., 2014 [a publicar]. O planeamento estratégico aplicado ao governo de Otto von Bismarck. A fundação do II *Reich* e a Unificação Alemã de uma perspectiva da Estratégia. *Finis Mundi, N° 8.*

Naumann, F., 1916. *Mitteleuropa.* Berlin: Verlag von Georg Reimer.

Opitz, A., 1998. *Sociedade e Cultura Alemãs.* Lisboa: Universidade Aberta.

Pavlidis, 2012. *Chapter 14: The Rise of the Ottoman Empire.* [online] Disponível em: http://www.theopavlidis.com/MidEast/part50.htm [Consultado em 22 de Julho de 2013].

Pereira, J., coord., 2003. *Historia de las Relaciones Internacionales contemporáneas.* Barcelona: Ariel Historia.

Philipps, S., s.d. . *Mitteleuropa – Origins and pertinence of a political concept.* [pdf] Disponível em:http://www.essex.ac.uk/ecpr/events/graduateconference/barcelo na/papers/681.pdf [Consultado em 22 de Janeiro de 2010].

Pierrard, P., 2002. *História da Igreja Católica.* Lisboa: Planeta Editora.

Pinto, J., 1996. *A Direita e as Direitas.* Lisboa: Difel.

Pollak, W., ed., 1973. *Tausend Jahre Österreich. Vol. I, II, III.* Wien: Jugend und Volk Verlagsgesellschaft.

Popper, K., 2002. *The Logic of Scientific Discovery.* London: Routledge.

Ritter, G., 1954. *Friedrich der Grosse.* Heidelberg: Quelle & Meyer.

Rodríguez, M., 2000. *Diplomacia y relaciones exteriores en la Edad Moderna. De la Cristandad al sistema europeo – 1453-1794.* Madrid: Alianza editorial.

Römer, K., 1980. *A Alemanha dos Nossos Dias.* Bona: Mohndruck Graphische Betriebe.

Rootsweb, 2013. *Europe After the Congress of Vienna, 1815.* [online] Disponível em: http://www.rootsweb.ancestry.com/~wggerman/map/vienna1815.ht m [Consultado em 22 de Julho de 2013].

Sapiens, 2013. *El II Reich.* [online] Disponível em: http://blogs.sapiens.cat/historiadorvital/2010/03/03/el-ii-reich/ [Consultado em 23 de Julho de 2013].

Scheidl, L., 1999. *Dez Anos após a Queda do Muro. A Unificação Alemã no Contexto Europeu.* Lisboa: Colibri.

Schulze, H., 2001. *Breve historia de Alemania.* Madrid: Allianza Editorial.

Schwanitz, D., 2008. *Cultura – tudo o que é preciso saber.* Lisboa: D. Quixote.

Schwartz, W., 1935. *Die Heilige Allianz.* Stuttgart: J.S. G.B. Nachfolger.

Sebastião, S., 2005. *A Democracia Directa ainda interessa? O caso suíço.* Lisboa: Instituto Superior de Ciências Sociais e Políticas.

Sked, A., 1993. *Der Fall des Hauses Habsburg. Der unzeitige Tod eines Kaiserreichs.* Köln: Komet.

Stark, H., 1995. L'Allemagne: Quelle Politique Étrangère? *Nação e Defesa,* N° 74, pp. 93-107.

Stürmer, M., 2003. *O Império Alemão, Breve História, Grandes Temas.* Rio de Mouro: Círculo de Leitores.

Tácito, 2007. *Germania*. Buenos Aires: Lousada.

Taylor, A., 1993. *The Course of German History*. London: Routledge.

Taylor, A., 1998. *The First World War and its Aftermath 1914–1919*. London: Folio Society.

Teutonic Order, 2013. *History*. [online] Disponível em: http://www.swabia-teutonic.org/ [Consultado em 22 de Janeiro de 2010].

The Expansion of Europe and Christendom in the Fifteenth and Sixteenth Centuries, 2013. *Emperor Charles V was the King of Castile, Aragon, Naples, Sicily, Sardinia, Spanish possessions of the new world, Emperor of the Romans and king of Germany*. [online] Disponível                                                             em: http://faculty.cua.edu/pennington/churchhistory220/lecture14/lectur e14.html [Consultado em 22 de Julho de 2013].

Toomaspoeg, K., 2001. *Histoire des Chevaliers Teutoniques*. Paris: Flammarion.

Torres, F. 1966. *História Universal. Idade Média - Idade Moderna*. Porto: Asa.

Touchard, J., 2003. *História das Ideias Políticas. Da Grécia ao fim da Idade Média vol. 1*. Lisboa: Europa-América.

Trevelyan, G., 1941. *Pequena História da Itália*. Lisboa: Inquérito.

Ullrich, V., 1998. *Otto von Bismarck*. Hamburg: Rowohlt.

Villari, R., ed., 1994. *O Homem Barroco*. Lisboa: Presença

Vilarinho, M., 1974/5. *Anatomia da Alemanha*. Lisboa: Separata dos Anais do Clube Militar Naval.

Vives, J., 1961. *Tratado General de Geopolitica – El factor geográfico y el proceso histórico*. Barcelona: Vicens-Vives.

Weber, M., 1983. *A Ética Protestante e o Espírito do Capitalismo*. Lisboa: Presença.

Woods, T., 2005. *O que a civilização ocidental deve à Igreja Católica*. Lisboa: Alêtheia.

http://www.gen.heinz-wember.de/deutscheKsKg/

Zierer, O., ed., 1980. *História da Alemanha*. Lisboa: Círculo de Leitores

Zierer, O., ed., 1981. *História da Áustria*. Lisboa: Círculo de Leitores

«EX FRUCTU ARBOR COGNOSCITUR» (MT 12:33)

Ἰησοῦς Χριστός Θεοῦ Υἱός Σωτήρ

www.ingramcontent.com/pod-product-compliance
Lightning Source LLC
Chambersburg PA
CBHW032117040426
42449CB00005B/172